의사 수필가 김애양의 책 읽는 진료실

# 아프지 마세요

재남

김애양

서울출생. 이화여자대학교 의과대학을 졸업하고 의학박사, 산부인과 전문의로 현재 역삼동에서 은혜산부인과를 개원 중이다.
1998년 수필가로 등단하여 작품집으로『초대』,『의사로 산다는것』,『위로』『명작 속의 질병이야기』를 펴냈고 2008년 제4회 '남촌문학상'을 수상했다.
계간『문예바다』 편집위원이고 '수필 문우회'와 '한국의사수필가협회'에서 활동중이다.



의사 수필가 김애양의 책 읽는 진료실

아프지 마세요

초판발행 2015년 12월 09일
4 쇄 발행 2016년 02월 22일

지은이 김애양
발행인 홍윤경
편집장 박시강
마케팅 이상덕
상임 고문 성하길

펴낸곳 | 도서출판 재남
주소 | 서울시 도봉구 시루봉로 105, 55동 204호
지사 | 서울시 강남구 논현로 340, 3층
전화 | 02-3453-3205
등록 | 제2014-29호

디자인 및 그림 | 박래후편집공방
www.raehoo.com





이 책은 재남문학기금으로 제작되었습니다.





ISBN 979-11-953597-3-8
값 13,800원

Printed in KOREA

의사 수필가 김애양의 책 읽는 진료실

# 아프지 마세요

영혼의 고통을 치유하는 데

신의 은총 말고도 한 가지 특효약이 있지요.

그것은 인간의 마음을 움직이는 데

도움이 되는 것으로

정성을 다해 그 마음을 얻으려는 노력이지요.

– 러디어드 키플링 「알라의 눈」 중에서

CONTENTS

## 1
## 발가벗겨진 의사

# 2
# 하룻밤의 천국

# 3
# 적 앞에 선 의사의 선택

# 4
# 내게 아주 특별한 당신

머리글

# 긴 그림자를 가진 사람들을 위로하기 위해

병원을 찾는 사람치고 밝은 표정을 짓는 이는 거의 없습니다. 병에 대한 걱정과 근심 그리고 두려움 때문에 얼굴에 어두운 그늘이 드리우는 것이지요. 한 환자가 진료실을 들어설 때 저는 그 사람 뒤에 매달려온 그림자를 보게 됩니다. 문을 닫으면 미처 방 안에 다 못 들어올 만큼 긴 그림자 말이에요.

몸의 일부분이 아픈데도 마음은 온통 다 아프기 마련인가 봅니다. 현대 의학이 무소불위의 힘을 가져 이제는 고치지 못할 병도 드물건만 환자들은 저마다 불치병에라도 걸린 듯이 힘겨워합니다. 육체적으로 힘든 데다 생각마저 우울하니 병자의 고통은 몇 배나 가중되지요. 왜 그렇지 않겠어요?

한 인간이 벌거벗은 채 세상에 태어날 때, 스스로를 보호할 갑옷도 껍데기도 아무것도 없습니다. 누군가 보살펴 주어야만 살 수 있지요. 자라서도 오로지 이성의 힘으로 이 한 몸을 보존하며 사는 거잖아요.

하지만 살면서 아프지 않은 사람이 어디 있나요? 선천성 질환부터 사소한 감기나 치명적인 암까지 인간은 언제나 병과 대치하며 살아가야 합니다. 지난여름 겪은 메르스 사태처럼 인간은 시도 때도 없이 바이러스의 공격을 받고, 자연 재해로 지진이라도 발생하면 쉽게 희생되는 게 우리들의 연약한 육체입니다.

이렇게 약한 우리들이지만 언제까지나 병의 노예일 수는 없습니다. 비록 몸은 아플지라도 마음만큼은 꿋꿋하게 아프지 않아야 한다는 게 저의 지론입니다. 그 말을 하고 싶어 펜을 들었습니다.

그런데 사람들은 의사가 글을 쓴다면 조금 의아해합니다. 환자를 진료하기에도 바쁠 텐데 언제 차분하게 글을 쓰며 인문학에 관심을 가질 수 있느냐는 것이지요. 하지만 인간을 제대로 이해해야 좋은 치료를 할 수 있다는 걸 생각하면 문학만큼 인간을 잘 알게 해주는 것이 달리 없다고 봅니다. 누구나 감추기 마련인 우리의 모순이나 갈등이나 문제점들을 문학은 낱낱이 해부해서 보여주지요.

저는 의사가 된 후에 책을 읽기 시작했고 그 책들에 매료되어 헤어나지 못하게 되었습니다. 그리고 책을 읽다 줄곧 환자들을 떠올리게 되었습니다. 환자를 보다 소설 내용이 기억나는 경우도 많지요. 우리 삶 속에서 차마 털어놓지 못하는 억울한 일이나 원통한 사연들을 문학 작품들은 속 시원하게 표현해 주곤 하잖아요.

제가 어려울 때 가장 위안이 되었던 건 바로 독서였습니다. 특별히 유대인 수용소 아우슈비츠 실화나 카프카의 소설처럼 부조리를 드러낸 작품을 읽다 보면 내 고민 따위는 이미 해결된 거와 다름이 없었으니까요. 어쩌다 보니 제가 독서 예찬론자가 되었네요.

하지만 자칫 제 의도를 오해할까 봐 걱정입니다. 프랜시스 베이컨은 독서에 대해 이렇게 충고했어요.

"논박이나 반박을 위해 책을 읽지 마라, 맹목적으로 믿거나 당연한 것으로 여기기 위해 읽지도 말라. 이야깃거리를 찾거나 담화하기 위해서가 아니라 고찰하고 숙고하기 위해 독서하라." 그러니까 제가 오로지 고찰하고 숙고하느라고 책을 읽은 것이라는 걸 믿어주세요.

긴 근심의 그림자를 이끌고 온 환자들에게 힘을 내라고, 병이란 삶의 과정일 수밖에 없으니 피하려고만 하지 말고 '번쩍' 이겨낼 용기를 가지라고 말하고 싶습니다. 비록 질병이 찾아오더라도 희망을 갖고 밝은 마음으로 견뎌나가자는 뜻으로 이 한 권의 책을 엮었습니다. 부디 영혼의 고통을 치유하는 데에 도움이 되었으면 합니다.

2015년겨울
역삼동 진료실에서

# 1
# 발가벗겨진 의사

# 5분만 재워주세요

토마스 드 퀸시『어느 영국인 아편 중독자의 고백』

"부탁이에요, 선생님! 5분만 재워주세요."

아가씨는 벌써 반 시간째 같은 소리를 되풀이한다. 3년 전에 팔에다 삽입한 피임 기구를 빼야 하는 환자다. 부분 마취로도 얼마든지 아프지 않게 제거할 수 있는데 자꾸 수면 마취를 시켜달라고 조른다.

"돈은 얼마든지 드린다니까요."

일주일 동안 잠 한숨 못 잤단다. 잠깐이라도 잠들게 해달라고 당부하는 그녀에게서는 어떤 고단함이 뚝뚝 떨어져 흐른다. 퀭한 두 눈, 부석부석한 얼굴, 윤기 잃은 피부…….

아직 젊은 나이인데 무엇에 그리 시달렸을까? 그녀의 부탁이 어찌나 간곡하던지 하마터면 승낙할 뻔했다. 환자가 푹 잠들면 움직이지 않아 나로서도 시술하기가 한결 편하다. 그러나 잦은 수면 마취가 어떤 결과를 초래하는지 또렷이 기억하게 했던 일을 겪었다.

몇 달 전에 똑같은 부탁을 하는 환자가 왔었다. 루프를 끼우는 간단한 시술을 받는데도 꼭 수면 마취를 해달라고 졸랐다. 자신은 작은 아픔도 견디지 못해 곧장 쇼크에 빠진다고 겁을 주기까지 했다. 그래서 아무런 의심 없이 수면 마취를 시켰는데 마취에서 깨어날 즈음 그녀는 고래고래 악을 쓰기 시작했다.

"마취를 더 시켜달란 말이야!"

비몽사몽간이라 체면도 염치도 다 벗어버린 것 같았다. 마치 눈앞에서 사냥감을 빼앗긴 맹수처럼 광포해져 나에게 막무가내로 요구해댔다. 어디서 듣도 보도 못한 해괴한 욕설을 거침없이 입에 담았다. 보호자로 따라온 환자의 언니도 곁에서 무안해서 어쩔 줄 몰라 했다.

보호자가 어렵사리 털어놓은 내막을 들으니 그 환자는 프로포폴에 중독되어 있었다. 약물 색깔이 새하얗기 때문에 일명 '우유 주사'로 불리는 이 수면 마취제는 한동안 사회 문제를 일으켰다. 일부 연예인들이 피로 해소를 위해 정기적으로 맞다가 중독이 되었다는 것이다. 원래는 정맥에다 주사하면 즉시 수면 상태에 빠지고, 또 별다른 부작용 없이 금방 깨어나기 때문에 간단한 수술에 퍽 유용한 마취제이다.

그 환자는 코를 높이는 수술을 받느라 처음 수면 마취를 경험했단다. 그런데 결과가 만족스럽지 않아 여러 차례 재수술을 받다 보

니 그만 마취제에 중독되었다는 것이다. 이후로는 쌍꺼풀 수술에다 유방확대 수술 등 툭하면 마취제 맞을 일을 만들었단다. 더욱이 잦은 유산 수술로 불임 진단까지 받았으므로 더는 필요치 않은데도 루프를 시술받고자 우리 병원을 찾아왔다니…….

그런 병력을 가지고 갈급하게 마취제를 더 놔달라고 울부짖는 환자의 요구를 나로서는 결코 이길 수가 없어 원하는 대로 푹 재워주었다. 나중에 중독 치료를 전문으로 하는 정신 병원을 소개했으므로 지금쯤은 그녀도 그 무서운 중독에서 헤어나왔으리라 믿는다.

이후에도 무리하게 마취를 원하는 환자들을 여럿 보았는데 오늘 찾아온 이 아가씨도 필시 같은 문제를 안고 있을 것이다.

이러한 약물 중독에 대해 솔직한 경험담을 남긴 세계적인 작품이 있다. 지금으로부터 150여 년 전에 토머스 드 퀸시가 쓴『어느 영국인 아편 중독자의 고백』이다. 당시에는 아편이 마약으로 분류되지 않아 누구라도 쉽게 구할 수 있었다. 드 퀸시는 맨 처음 치통 때문에 아편에 손을 댔다가 위궤양의 고통을 달래기 위해 지속적으로 복용하였고 나중에는 쾌락이 주는 흥분 상태를 인위적으로 얻기 위해 탐닉하게 되었다. 그에게 아편이 주는 효과는 놀라웠다. 모든 고통을 사라지게 하는 만병통치약일뿐더러 정신에 특이한 질서와 조화를 가져다주고 따뜻하고 자비롭게 마음을 넓혀준다는 것이다. 술이 인간의 본성 중에 동물적인 속성만 불러낸다면 아편은 신적인 속성을 최대한 불러낸다고 그는 극찬했다.

"오! 공정하고, 오묘하고, 강력한 아편이여! 가난한 자와 부유한 자의 마음에도, 결코 치유되지 않을 상처에도, 정신을 반역으로 유도하는 고통에도 위안을 가져다주는 아편이여!"

이렇게 칭송한 드 퀸시는 한편 아편을 끊으려는 과정에서 금단 현상에 시달리기도 했다.

50년이 넘도록 아편에 중독되었던 그의 고백은 마약이 특별한 방식으로 인간에게 영감을 주기도 하지만 또한 몹시 위험하다는 사실을 대중에게 알린 최초의 기록이라는 의미를 가졌다.

드 퀸시의 고백을 읽다 보면 우리 인간이 얼마나 나약한지, 얼마나 상처받기 쉬운지, 그렇기 때문에 또한 얼마나 조심하며 살아야 하는지 절실히 느끼게 한다. 오늘날 흔하디흔한 성형 수술 때문에 마취제에 중독되는 환자들이 나날이 늘어나는 현상을 보며 그만큼 의사에게 지워진 책임이 막중하다는 걸 새삼 깨닫는다. 아까부터 하염없이 수면 마취를 원하는 이 아가씨를 나는 어떻게 도와줄 수 있을까?

# 애인 있어요

안톤 체호프 「티푸스」

진료하다 보면 간혹 과도한 검사를 원하는 환자를 만날 때가 있다. 아무런 증상이 없고 진찰로도 이상한 점을 찾을 수 없는데 자꾸 성병 검사를 해달라는 사람 말이다. 오늘 온 아가씨도 성병에 대한 모든 검사를 받겠다고 했다. 불과 두 달 전에 매독과 에이즈 혈액 검사와 열댓 가지 성병 유전자 검사에서 모두 음성 판정을 받았건만 다시 해달라고 조르는 것이다. 그렇잖아도 매스컴에서 의사들이 과잉 진료한다고 원성이 자자한데 이상 소견도 없이 값비싼 성병 검사를 한다는 건 내키지 않는 일이다. 나중에 불편한 증상이 생겼을 때 검사받는 것이 어떻겠냐고 권하니 그녀는 기어들어가는 소리로 말한다.

"제가 일을 하는데 애인이 있어서 그래요."

그제야 나는 감을 잡는다. 그녀가 하는 말은 이런 뜻이다. 직업여성인 자신은 어쩔 수 없이 여러 남자를 상대하게 되는데 사랑하는 사람이 따로 있기 때문에 혹시 그 애인에게 병을 옮기면 어쩌나 걱정이 된다는 이야기.

두 눈을 아래로 깔고 시선을 피하며 웅얼거리는 그녀를 보고 나는 군말 없이 검사를 한다. 어쩐지 가슴이 찡하다. 스스로 밝히지 않으면 외견으로 절대로 알 수 없는 그녀의 진실 앞에 가슴이 답답해진다. 누군들 그런 직업을 좋아서 선택했으랴. 이른 아침, 이슬 맺힌 거미줄에 매달린 포획물처럼 이 사회가 촘촘히 엮어놓은 함정 속에 그녀도 본의 아니게 빠지게 된 것이겠지.

내 병을 남이 옮을까 염려하는 마음이야 누구라도 가질 것이다. 예를 들어 방사성 물질을 취급하는 직업의 가장이 가족에게 방사능이 피폭될까 봐 퇴근 때마다 단단히 복장을 단속하거나, 또 식구 가운데 결핵이나 간염 환자가 있는 경우 식탁에 함께 앉지 않도록 애쓰는 그런 상황은 흔하다. 과거에는 나병 환자들이 격리 수용되느라 가족과 애달픈 이별을 겪는 일이 많았다. 그런데 이 아가씨의 경우는 무언가 더 애틋함이 느껴진다. 윤락업소에서 일한다니 불가피하게 뭇 남자들을 상대해야 할 테고 그러다 보면 사랑하는 사람에게 미안한 감정이 생기기 마련일 것이다. 애인이라 부르는 걸 보면 자기 자신보다 더 많이 상대를 사랑한다는 것이리라. 그런 애인

을 위해 자신을 온통 바쳐도 부족할 텐데 애인 모르게 다른 이와 성 관계하며 살아가는 삶이라면 얼마나 큰 자책감과 자괴감을 느껴야 할까? 사랑하는 사람하고만 나눠야 할 일들을 그렇지 않은 사람과도 해야 한다는 점에서 수치심과 죄의식을 동시에 갖고 있으리라 가늠할 수 있다. 게다가 애인에게 혹여 성병이라도 전염시키게 될까 봐 조마조마하고도 불안할 것이다.

비록 떳떳하지 못한 직업을 가지고 있다 해도 애인을 보호하려는 그녀의 마음이 안쓰러워 다시 한 번 올려다보았다. 유난히 창백하고

수심에 잠긴 그녀의 얼굴에서 문득 안톤 체호프의 단편 「티푸스」가 떠올랐다.

작품 속에는 젊은 중위가 등장한다. 오랜만에 휴가를 얻어 모스크바로 가는 길이다. 그는 열차 안에서부터 시름시름 앓는다. 고열과 오한에 갈증이 나고 구토감을 느낀다. 옆 사람이 말을 시켜도 대답할 수 없을 지경이다. 몸이 말을 듣지 않는 중에도 오직 집에 가서 만날 누이동생 생각으로 버틴다. 열여덟 살의 누이동생은 교사 자격시험을 준비 중이다. 집에 당도하자 누이는 오빠를 반갑게 맞는다. 그러나 그는 인사도 제대로 못 나누고 침대에 쓰러진다. 며칠간을 혼수상태에 빠졌다 깨어났을 때 중위는 놀라고 만다. 그동안 누이동생이 죽었다는 것이다. 그녀는 오빠에게 발진티푸스가 전염되어 희생되었다. "하나님 나는 왜 이리도 불행합니까!" 그의 한탄으로 작품은 끝난다.

짧은 이야기지만 누군가에게 병마를 옮긴다는 것이 얼마나 두렵고 불행한 일인지 잘 보여준다. 누이동생을 죽게 하고 살아남은 중위는 나머지 생을 어떻게 꾸려나갈 수 있을까?

발진티푸스는 이가 옮기는 전염병이다. 한때 나폴레옹이 러시아 원정에서 대패한 원인으로 발진티푸스를 꼽았듯 전염성과 치사율이 매우 높다. 오늘날에는 살충제와 항생제 개발로 볼 수 없는 병이 되었다. 대신 요즘에는 감염 질환으로 성병이 많이 대두되고 있다. 자유롭게 세계 여행을 다니다 보니 에이즈도 우리나라에서 보고되곤 한다. 감염이란 무엇일까? 더불어 사는 세상에서 인간과 인간 사이에 병마가 전파되는 것은 어쩔 수 없는 현상일 것이다. 그렇다면 질병처럼 무섭고 위험한 것 말고 예술의 아름다움이나 인간 정신의 숭고함도 전염되지 않을까? 애인이 있다는 아가씨의 떨리는 속눈썹을 보며 우리의 수치심이나 배려심 같은 감정도 널리 전염되었으면 좋겠다는 생각을 한다.

# 의사 신랑감

김유정「애기」

앳된 아가씨가 진료실에 앉아 자꾸 눈물을 떨군다. 장래가 유망한 남자와 2년간 교제 끝에 약혼하고 임신까지 했는데 자신이 속았다는 걸 알게 되었단다. 대학 병원의 수련의라 했으므로 약혼자가 근무하는 병원을 찾아갔더니 그런 의사는 없더란다. 대신 남자 보조 간호사 명단에서 그의 이름을 찾았다는 것이다. 친정아버지의 꿈이 의사 사위를 얻어 큰 병원을 차려 주는 것이라니 그 남자는 여자 집안의 재력을 보고 접근한 사기꾼이었을까? 아가씨는 내게 임신 중절 수술을 원했다. 의사 신랑이 아닌 경우에는 아이를 낳을 수 없다고 단호하게 말했다.

그러나 그런 딱한 사정에도 불구하고 법적으로 금지된 일이라는 걸 알려주느라 나는 진땀을 빼야 했다. 원망에다 좌절을 더한 표정

으로 진료실을 나서는 아가씨의 뒷모습을 안쓰럽게 바라보다가 문득 김유정의 단편 소설이 생각났다. 1934년에 발표된「애기」에 이와 비슷한 내용이 있다.

주인공 필수는 인쇄소 직공이었으나 불경기에 실직했다. 아내는 가난을 못 견디고 가출해버렸다. 홀아비로 5년간 지내던 필수는 색시를 얻으려 한다. 마침 숫처녀에다 땅까지 50석 붙여준다는 조건의 신붓감이 나선다. 내세울 것 없는 필수는 의사 행세를 하기로 작정한다. 그의 사촌이 의사인데 친척 간에 그이만치 대접받고 호강하는 사람이 없었다. 고물상에 다니는 아버지가 세 가지 물건을 잠시 빌려온다. 세루 두루마기와 가죽 가방, 그리고 의사가 흔히 신는 우녀 같은 반화이다. 그 결과 혼인은 나흘 만에 치러진다. 이렇게 날치기로 결혼이 성사된 내막은 달리 있다. 색시가 딴 남자의 아이를 배고 있어서 날로 배가 불러왔기 때문이다. 필수네는 혼사 비용을 마련하느라 사방팔방에서 빚을 낸다. 혼례를 치르고 나서야 필수는 색시의 부른 배를 보고 놀라게 된다. 하지만 어차피 땅을 얻기 위해 결혼한 것이므로 그녀가 처녀거나 아니거나 상관없다.

"에, 그놈 배 복성두스럽다"라고 말하며 좋은 낯으로 첫날밤을 치른다.

하지만 얼굴도 예쁘지 않은 이 색시는 시부모에게 버릇없이 굴고 염치도 없다. 필수는 취직하려고 온종일 발품을 팔고 다녀도 서광

이비치지 않는다. 애가 탄 필수는 장인에게 약속한 땅을 언제 줄지 물어보러 간다. 빈손으로 갈 수도 없어 아버지의 고물가게에서 남의 축음기를 들고 간다. 장인은 축음기는 챙기면서도 땅은 차차로 주겠다고 대답할 뿐이다. 늘어난 빚에 허덕이는 가운데 아내는 해산한다. 아들도 아닌 딸아이가 태어나 응아, 응아 자꾸 운다. 아기를 제일 미워하는 사람은 할머니다. 어려운 살림에 남의 씨를 키운다는 게 여간 화나는 게 아니다. 반면에 할아버지는 아가를 들여다보며 수염을 잡아당기도록 내버려 두곤 한다. 아이 엄마는 아이를 갖다 버리자는 말을 일삼는다. 견디다 못한 필수는 추운 겨울날 부잣집 문 앞에 아기를 버린다. 아기가 울면 행랑어멈이 데리고 들어가려니 예상했건만 인기척이 없다. 필수는 아기를 얼른 안고 돌아온다. 버리더라도 따뜻한 봄에나 해야겠다고 결심하는 것으로 작품은 끝난다.

생활고에 시달리는 서민의 생활을 잘 보여주는 이 소설을 읽다 보면 콧등이 찡해진다. 필수는 의사를 사칭하고 아내를 얻었지만 결과적으로 덤터기를 쓴 셈이다. 숫처녀도 아닌 데다 장인은 인색했다. 살림이 나아지기는커녕 식구만 늘어난 것이었다. 아이를 갖다 버리는 데에는 아이가 더 좋은 환경에서 잘살기를 바라는 의도도 있었다. 그러다 행여 아이가 얼어 죽기라도 할까 봐 냉큼 다시 데려오는 필수의 모습에서 그의 착한 심성이 느껴진다. 필수가 의사를 사칭하여 거짓을 행했어도 어려운 가운데 한 가정을 꾸려가고 있다는 점에서 밉지만은 않다.

의사라고 하면 혼사가 금방 이루어지는 풍토는 김유정의 시대나 지금이나 변한 바가 없는가 보다. 내 환자도 신랑감이 의사라고 할 때는 임신을 기뻐하다가 보조 간호사라고 밝혀지니까 유산을 원하니 말이다.

얼마 전에도 신문에 중학교 졸업 학력의 남자가 의사를 사칭하고 의료 봉사를 다녔다는 기사가 실렸다. 영어를 워낙 잘해 진료를 함께 다닌 진짜 의사들도 깜빡 속았다는 것이었다. 그 남자는 결혼을 약속한 여자에게 많은 돈을 얻어 쓰고는 발각될까 봐 결국 자수했다고 했다. 의사가 비록 사칭하기 좋은 직업일 수는 있어도 요즘처럼 의사가 많아진 때에 과연 좋은 신랑감인지 장담할 수 없다.

# 콧구멍이 시뻘건 혐오스런 짐승

버지니아 울프 『댈러웨이 부인』

오늘도 여러 환자를 치료하고 있지만 그들 모두 내게 만족하는지 아닌지는 알 수가 없다. 개중에 금방 완치되었다고 허리 굽혀 감사를 표하는 이가 있어도 그렇다고 모든 환자가 흡족해하리라곤 생각하지 않는다. 내 아무리 최선을 다해 일한다 해도 내 진료만이 최고라고 자부할 수는 없다. 환자들 저마다 의사에 대해 어떤 생각을 하고 있는지 그 머릿속까지 들여다볼 수 없는 노릇이기에…….

얼마 전 버지니아 울프의 『댈러웨이 부인』을 읽다가 깜짝 놀라고 말았다. 의사를 '콧구멍이 시뻘건 혐오스러운 짐승'이라 여기는 환자가 나오기 때문이다.

이 소설은 댈러웨이 부인이 파티를 여는 어느 하루를 그린 것이다. 지극히 긍정적이고 삶을 예쁘게 살아가려 애쓰는 댈러웨이 부인과

정반대의 성격을 가진 인물이 있다. 그는 셉티머스로 서른 살가량 되었다. 어린 시절 시인이 되고 싶었으나 어머니와의 불화로 무작정 상경한 셉티머스는 하숙하며 혼자 셰익스피어를 공부하고 시를 썼다. 취직되어 회사에서 인정받던 중에 제1차 세계 대전이 발발하자 제일 먼저 자원입대했다. 거기서 에번스라는 상관의 눈에 띄어 신임을 얻고 그 둘은 항상 함께 지내고 같이 전선에서 싸웠다. 그러다 휴전 직전에 에번스가 전사하자 셉티머스의 인격이 변하기 시작했다. 그는 감정을 느끼지 못하게 되었다. 행동도 점점 이상해져 갔다. 환청이 들리고 환각을 보는 것이다. 벽 뒤에서 사람들이 나온다며 혼자 중얼거렸다. 전쟁에서 훈장을 받아왔다고 회사에서는 승진을 시켜줬지만 아내에게 자살하겠다는 말을 자주 했다. 그의 아내는 차마 남편이 미쳤다는 말을 할 수 없었다. 닥터 홈스에게 보였더니 아무 문제가 없다고 진단했다. 그 의사는 셉티머스의 두통이나 불면증을 신경과민이라고 간단히 정리해줬다. 의사는 건강이란 자신이 하기 나름이라며 관심을 외부로 돌려보라고 권했다. 셉티머스가 읽고 있던 셰익스피어의『안토니와 클레오파트라』를 한쪽으로 밀쳐버리며 건전한 취미를 찾아보라고 했다. 의사로서 런던에서 그 누구보다 열심히 일하는데도 그토록 건강한 이유가 고가구 수집 취미 덕택이라며…….

닥터 홈스가 다시 찾아왔을 때 셉티머스는 만나기를 거부했다.

의사는 길을 막는 셉티머스의 아내를 밀치며 침실까지 들어가 그에게 자살하겠다는 말을 했느냐고 다그쳤다. 그러면서 셉티머스에게 겁먹은 거라고, 아무 문제가 없다는 자신의 진단을 믿으라고 소리쳤다. 자그마치 40년 경력을 쌓은 의사의 말이라며.

'짐승! 콧구멍이 시뻘건 혐오스러운 짐승!'

셉티머스에게는 닥터 홈스가 그렇게 보였다. 의사가 자신을 덮치고 깔아뭉갠다고 두려워했다. 아내는 이해할 수 없었다. 친절하게 대해주는 의사를 남편이 미워하는 것이 이상했다. 셉티머스는 닥터 홈스를 향해 "짐승 같은 놈!"이라고 외치기도 했다. 닥터 홈스는 매일 방문했다. 의사라기보다는 친구로서 안부 차 들렀다고 말한 어느 날이었다. 셉티머스가 한사코 피하건만 닥터 홈스는 막무가내로 계단을 올라왔다. 셉티머스는 창문으로 달려가 창턱에 걸터앉

았다. 잠시 망설였다. 그는 죽고 싶지 않았다. 세상은 좋은 것인데. 셉티머스는 창밖으로 몸을 던졌다. 콧구멍이 시뻘건 혐오스러운 짐승을 피해.

이렇게 셉티머스는 의사에게 치료받던 중에 그 의사에게 내몰려 자살로 삶을 마감하고 말았다. 이 작품에서 버지니아 울프는 자기 내면의 상처를 셉티머스를 통해 표현한 듯하다. 그렇게 이해하고 읽어도 이런 장면이 나오면 섬뜩하다. 닥터 홈스인들 환자가 설마 창문 밖으로 뛰어내리리라고 상상이나 했겠는가. 날마다 왕진 가서 나름대로 최선의 치료를 했던 닥터 홈스의 입장에서 보면 기가 막힐 노릇이 아닐는지. 소설을 덮으며 나도 내 얼굴을 들여다보았다. 부지런히 환자의 괴로움을 해결해주려고 애쓰지만, 혹시 어떤 환자는 나를 '잘난 척이나 하는 가증스러운 여우'라 부르지 않을까?

# 화상의 흔적

## 앨리스 먼로 「죽음 같은 시간」

어디 가서 직업이 의사라고 소개하면 얼마나 힘드냐는 질문이 돌아오곤 한다. 사람들은 의사란 무척 험한 일을 한다고 생각하는 것 같다. 온종일 아픈 사람만 상대하고 징징대는 소리를 들으며 흉측한 상처를 봐야 한다고 추측하는 것이리라. 물론 그런 면이 없지는 않지만 나는 환자에게 미안하다는 생각이 들 때가 더 많다. 그들의 치부를 보는 것이 내 일이기 때문이다. 사과를 따 먹은 아담과 이브도 수치심이 생겨 몸을 가리기 시작했다는데 내 환자들은 어쩔 수 없이 옷을 벗어야 한다. 더욱이 산부인과를 찾은 환자들은 내밀한 속살을 보여야 하므로 더욱 불편을 느낄 것이다. 그래서인지 유난히 옷을 벗는데 시간을 오래 끄는 이들을 만난다. 처음에는 꾸물거리는 사람들이 마땅치 않았지만 그중에는 몸에 흉터가 있어 옷 벗는 일을 힘들어하는 이들도 있다는 것을 알게 되었다. 참 이상하게도 얼굴이 예쁘고 몸매가 고운 사람 가운데 흉터 없는 사람이 드물었다.

오늘 만난 아가씨도 그랬다. 진찰실 안에서 꼼지락거리며 남들보다 세 배쯤의 시간을 소요하며 옷을 벗었는데 내진하려고 보니 두 다리와 엉덩이까지 온통 흉터투성이인 피부가 눈에 띄었다. 처음 만난 의사에게 흉을 보여주려니 그만큼 탈의하기가 힘들었으리라. 그녀의 흉터를 모른 척하는 것도 무심한 태도 같아 대수롭지 않은 듯 물어보았다.

"다리는 언제 데었어요?"

초등학교 3학년 때 갓난아기인 동생을 씻기려고 끓이던 물에 자신이 빠졌는데 치료를 제대로 받지 못해 덧났단다. 여러 차례 피부이식 수술을 받았다는데 "아직도 보기 싫지요?"라고 묻는 그녀의 표정에서 상처를 부여안고 그동안 얼마나 힘들게 살았을지 고통의 무게가 바로 느껴졌다.

언뜻 2013년 노벨 문학상을 받은 캐나다의 여성 작가 앨리스 먼로의 작품이 떠올랐다. 단편 「죽음 같은 시간」에 화상에 대한 가슴 아픈 이야기가 나온다.

고속 도로 언저리에 가난한 사람들이 사는 마을이 있다. 그중에 퍼트리샤 가족도 있다. 9살 퍼트리샤는 탐스러운 금발에다 좋은 목청을 가지고 사람들 앞에서도 떨지 않고 쩌렁쩌렁하게 노래하는 대담한 소녀다. 그녀는 썩 어른스러워서 세 동생을 잘 돌봐주었다. 그 중 막내 베니는 18개월의 정신 지체아였다. 베니가 할 줄 아는 말이라고는 '멍멍이'와 칼갈이 아저씨의 이름인 '브램'뿐이다. 퍼트리샤는 막내가 모자란 아이라는 걸 알고 있지만 조금도 싫어하지 않는다. 그날은 퍼트리샤가 소몰이꾼 옷을 입고 악단과 공연하게 된 날이다. 엄마는 소몰이꾼 옷을 만들어주려고 재봉틀을 빌리러 옆집에 간다. 그 사이 동생들을 돌보던 퍼트리샤는 집 안이 너무 더럽다는 생각을 한다. 그녀는 청소하려고 난로 위에 양동이를 올리고 물을 팔팔 끓이기 시작한다.

엄마가 돌아왔을 때 뜨거운 물에 빠진 베니를 발견한다. 사람들이 모여 베니의 옷을 벗겨낸다. 아이는 마치 살갗까지 벗겨지는 것처럼 운다. 아니, 한쪽 다리를 차에 치인 개가 내지르던 소리보다 훨씬 더 끔찍하고 더 크게 울부짖는다.

구급차에 실려 가지만 베니는 그날 밤을 넘기지 못한다. 엄마는 퍼트리샤를 원망하고 저주까지 퍼붓는다. 장례식에도 못 오게 하고 그녀의 얼굴을 다시는 보지 않겠다고 선언한다. 반면에 퍼트리샤는 아무 일 없다는 듯이 의젓하게 군다.

그러나 오랜만에 칼갈이 아저씨가 동네에 들어서자 그녀는 발작을 일으킨다. "저 칼갈이 아저씨 싫어! 싫단 말이야!" 그녀의 처절한 울음소리가 온 동네를 뒤흔든다. 여태 의연한 척했건만 칼갈이 아저씨가 죽은 베니를 기억하게 만드는 순간을 견디지 못한 것이다.

식구 많은 집에서 가난하게 살았던 우리의 옛 시절을 생각나게 하는 이 작품을 읽으면 마치 내 몸을 덴 것처럼 아픔이 느껴진다. 사고로 동생을 죽게 한 퍼트리샤가 죄의식을 어떻게 극복할 수 있을까? 자신을 오해하는 어머니와 퍼트리샤는 어떻게 화해할 수 있을까?

나는 피부에 흉터를 간직한 내 환자가 상처 따위는 잊고 잘 살기를 기원하며 그녀의 울퉁불퉁한 화상 흔적을 나도 모르게 쓸어보았다.

# 파일럿의 눈물

생 텍쥐페리『바람과 모래와 별들』

해산을 한 달 앞둔 산모가 왔다. 초음파로 태아의 건강을 살피던 중에 "딸이지요, 선생님?" 하고 묻기에 보이는 대로 덥석 그렇다고 응대했다. 아뿔싸. 공연히 대답했던가 보다. 산모는 펑펑 눈물을 쏟기 시작했다. 작은 눈망울 속에 그렇게 커다란 눈물 보따리가 숨어 있다는 게 신기했다.

이미 딸 둘이 있단다. 또 딸이라는 말을 들을까 봐 여태 병원에도 오지 못하다가 막달에야 용기를 냈다고 했다. 반드시 아들을 낳아야만 한단다. 유교적인 집안의 완고한 시어른과 함께 사는데 대가 끊긴다고 날마다 역정을 내신단다. 드라마를 함께 보다가도 아들을 낳지 못한 며느리가 나오면 공공연하게 비난하며 흘끔 눈길을 준다는 것이었다. 요즘처럼 여성의 위상이 훌쩍 높아진 시대에 이런 가족이 있다는 것이 의아했다. 산모의 작고 단아한 외모에서 그녀가 몹시 온순하리라는 느낌을 받았다. 초음파 검사가 종종 틀린다는 말로 내 소견을 번복하려 했지만 위로가 되지 않는 듯 눈물을 거두지 않았다. 때마침 보호자가 나타났다. 남편 또한 검사 결과가 두려워 병원 문밖에서 서성이고 있었던 모양이었다.

나는 먼저 남편이 하도 훤칠하게 잘생기고 젊다는 점에 놀랐다. 아기 아빠라는 사실이 믿기지 않으리만큼 신세대 총각처럼 보였다. 그다음에는 그의 질문을 듣고 놀랐다.

혹시 특정 직업이 태아의 성별에 영향을 미친다는 연구 결과를 본 적이 있느냐는 것이었다. 물론 나는 그런 걸 본 적이 없었다. 다만 오래전 대학 병원에서 근무할 때 방사선을 많이 쬐는 사람들은 딸만 낳는다는 풍문이 돌았던 생각이 났다. 그 무렵 이상하게도 정형외과와 신경외과, 방사선과 의사 가운데 아무도 아들을 얻지 못해 생긴 말 같았다.

그 보호자는 자신이 비행기 조종사라고 소개했다. 그런데 동료들도 모두 딸만 낳기에 인터넷 검색을 해보다가 파일럿들은 태양 가까운 곳에서 강한 햇볕을 쬔 영향으로 유전자가 변형될 수 있다는 논문을 봤다는 것이었다. 하지만 그 기록을 마치 꿈에서 본 것처럼 다시는 찾을 수 없었다고 말했다. 그러면서 아내가 연달아 딸만 낳는 것은 전적으로 자신의 책임인데 사정도 모르는 부모님이 아내를 구박하기 때문에 미안해 죽겠다는 이야기를 덧붙였다. 그의 두 눈가도 촉촉해지며 곧 눈물방울이 떨어질 것 같았다.

원 세상에. 사람들은 저마다 남의 탓만 하기 바쁘던데 고스란히 자신의 탓이라 말하는 이 남편이 더없이 멋져 보였다. 어릴 때 생텍쥐페리의 『어린 왕자』에 흠뻑 빠져 그의 다른 작품 가운데 『바람과 모래와 별들』을 찾아 읽었던 기억이 새로웠다. 그때부터 파일럿이라는 직업을 가진 사람을 얼마나 선망했던가…….

거기에서 생텍쥐페리는 우편 항공기가 리비아 사막에 불시착했던 경험을 말한다. 사막에서 사람이 물을 마시지 않고 열아홉 시간을 버틸 수 있다는데 그는 나흘간을 어떻게 견디었던가? 사막의 메마름 속에 목구멍은 굳어버리고 혀는 석고같이 단단해져 갔다. 눈앞에 보이는 것은 모두 신기루였다. 모래 위에 찍힌 낙타 발자국도 마르지 않는 우물도 청량한 오아시스도 전부 헛것이었다. 낙하산을 펼쳐 밤새 내린 이슬을 모았지만 마시자마자 토하고 말았다. 낙하산에 도포된 화공 약품이 인체에 유해한 걸 몰랐으니 말이다. 아랍인들이 구조하러 오는 환각을 보기도 하고 닭 울음소리의 환청을 듣는다. 마침내 베두인 행상을 만나 구출되었을 때 그는 물통에 머리를 박고 소처럼 물을 마셨다.

이런 극한 상황을 여러 차례 겪었으므로 생텍쥐페리는 "견디지 못할 고통은 아무것도 없다"는 말을 남겼나 보다. 그의 작품 속에서

느껴지는 희망의 메시지들도 고통을 극복한 그의 저력에서 연유한 것 같다.

생텍쥐페리는 1944년 어느 날 비행기를 타고 정찰을 나간 후 다시는 돌아오지 않았다는데 만일 그가 아이를 낳았더라면 딸이었을까?

나는 산모 남편의 물기 어린 눈을 바라보며 그의 아내 사랑에 감동하다가 왜 신은 우리가 바라는 것을 쉽게 허용하지 않을까 생각했다. 부디 나의 초음파 소견이 오진이라 그들 부부가 아들을 낳기를 바라며……

## 청춘의 샘물

나사니엘 호손 「하이데거 박사의 실험」

누구인들 원해서 이 세상에 태어났겠느냐만 그렇다고 이미 주어진 삶을 그냥 반환하고 싶은 이도 없을 것이다. 저마다 아프지 않고 늙지 않기를 절실히 바랄 뿐이다.

이 소망을 누구보다 잘 아는 의사들은 언제부터인가 노화 방지 분야에 눈을 돌려 활발한 연구를 하고 있다. 생소한 이름의 항산화제나 멀티 미네랄 주사제도 속속 등장하고 있다. 우리 병원에서도 신데렐라, 백옥, 마늘 등의 주사를 수액에 섞어 혈관에 놔주곤 한다. 그러면 금세 피로가 가시고 활력이 솟고 피부조차 예뻐진다고 누구나 좋아하는데 특별히 연로하신 분들에게 인기가 많다. 고가의 약값에도 불구하고…….

오늘은 이런 일이 있었다. 팔순을 넘기고도 60대처럼 활달한 환자가 오셨다. 한 달 전부터 일주일에 한 차례씩 항산화제 주사를 맞았는데 오늘은 문을 닫을 시간에야 내원했다. 주사 맞는 데 한 시간이 넘게 소요되는 걸 감안하면 다음날로 미룰 수밖에 없는 노릇이었다. 그런데 할머니는 화를 내며 고함치기 시작했다. 늦은 이유를 설명하며 가사도우미가 반지와 시계를 훔쳐가는 바람에 소개소에다 항의하고 왔다는 것이다. 가뜩이나 성질나 죽겠는데 무슨 병원이 이렇게 불친절하냐고 내게 따졌다. 환자들의 편의를 봐주는 게 의사의 임무라고 삿대질도 했다. 하도 막무가내라 퇴근이 늦는 걸 감수하고 항복하고 말았다. 간호사가 침대로 안내하고 주사를 놔주려는데 할머니가 옷을 벗는 순간 시계와 반지가 주머니에서 뚝 떨

어지는 게 아닌가! 그렇다면 잃어버렸다던 물건이 이것이 아닐까? 할머니에게 묻자 내 질문에 잠깐 놀라는 듯했지만 금방 표정을 바꾸더니 이렇게 대답했다.

"원래 내쫓아버리려고 했어. 여자가 말이지, 남의 집 일을 하면서 왜 그렇게 고분고분하지 않고 뻗대느냔 말이야."

나 또한 당장 주사제를 뽑아버리고 할머니를 쫓아버리고 싶었다. 좋은 약의 효험을 남을 괴롭히는 데 사용한다면 노화 방지 치료가 무슨 의미가 있겠는가.

이런 내 속상한 심정을 대변하는 소설이 있다. 나사니엘 호손의 「하이데거 박사의 실험」이다. 연로한 하이데거 박사는 매우 특이한 의사다. 그의 진료실에는 거미줄이 가득하고 먼지가 수북했으며 마법서가 놓여있다. 장롱 속에 숨겨진 해골이 이따금 밖으로 나온다거나 죽은 환자들의 영혼이 거울 속에서 빤히 박사를 쳐다본다는 소문이 돌았다. 또 그는 어려운 환자를 만나면 책상 위에 놓인 히포크라테스 청동 흉상에게 자문한다고도 했다.

하루는 박사가 네 명의 친구들을 연구실로 초대한다. 한때는 모두 잘 나갔었지만 지금은 망한 사업가와 평판 나쁜 정치가, 방탕한 군인과 추문에 싸인 과부 할머니 이렇게 네 명이다. 이 할머니와 나머지 세 할아버지들은 한때 애인 관계였다. 백발이 성성한 그들은 화려한 과거를 뒤로한 채 죽는 날만 기다리는 처량한 신세이다.

박사는 이들에게 '청춘의 샘물'을 소개한다. 플로리다에서 구한 전설의 샘물이라는데 여기에다 박사가 50년간 간직해온 마른 장미꽃을 담그자 꽃은 싱싱하게 되살아난다. 박사는 이 샘물이 사람에게도 효험이 있는지 실험하고자 친구들을 부른 것이다. 네 친구들은 장미꽃처럼 회춘하고 싶어 허겁지겁 샘물을 마신다. 마실 때마다 노인들은 점점 젊어진다. 박사는 경고한다. 샘물의 효과로 인생을 두 번 살게 된다면 젊은이들에게 지혜와 미덕으로 귀감을 보여야 할 것이라고.

친구들은 박사의 말에는 아랑곳하지 않고 게걸스레 샘물을 마시고 청춘의 절정에 도달한다. 할머니는 전성기 때의 미모가 살아나 아름다움을 발산한다. 세 남자들도 생기가 넘쳐 함께 광란의 춤을 추기 시작한다. 그들은 젊음이 주는 환희를 이기지 못하고 서로 여자를 차지하려고 난투를 벌인다. 그러다 그만 청춘의 샘물이 담긴 병을 깨뜨리고 만다. 신비한 샘물이 바닥으로 흘러내리자 장미꽃은 허망하게 시들어버린다. 또한 네 노인들의 젊은 기운도 흔적 없이 사라진다. 그들은 샘물의 근원을 찾겠다며 플로리다로 떠나고 하이데거 박사는 홀로 남아 말한다. 실험 결과 친구들이 젊어진 것이 사실이지만 그들의 어리석음이 여전히 반복되었으므로 자신은 청춘의 샘물이 펑펑 쏟아진다 해도 절대 마시지 않겠노라고…….

만일 나도 다시 20대로 돌아간다면 지금보다 한결 나은 삶을 살 수 있을까? 과거의 경험을 바탕으로 어떤 후회도 남기지 않을 만큼 멋지게 시간을 장식할 수 있을까? 결코 아니다. 삶에서 중요한 건 늙지 않거나 죽지 않는 것이 아니라 주어진 시간을 의미 있고 보람되게 사는 것이다.

나이가 많다는 이유로 대접받기만을 바라고 공연히 남을 의심하고 윽박지르며 오래오래 노년을 사느니 노화 방지제나 청춘의 샘물일랑 탐하지 말고 지금 남에게 베풀며 살아야겠다

# 갑상선은 요술쟁이

A. J. 크로닌『성채』

병원 근처 식당에 갔을 때였다.

친구와 이야기를 나누는 중에 여종업원이 불쑥 말을 거들었다.

"작가세요?"

우리는 학창 시절을 되뇌고 있어서 그 가운데에서 무엇을 듣고 그리 생각했는지 어리둥절했지만 아가씨의 질문에 기분이 퍽 좋았다. 작가처럼 보인다니 작가는 얼굴에 무슨 표시라도 새겨져 있다는 말인가? 스스로 작가라고 여겨본 적은 없어도 기쁜 심정이 되어 그녀를 올려다보았다. 훤칠한 체격에 시원시원한 외모였다. 다만 눈이 지나치게 크고 돌출되어있어 살짝 무섭게 보였다. 넌지시 그녀의 목 주변을 살펴보았다. 아니나 다를까 한쪽이 불룩하게 부풀어 있었다. 갑상선 이상이 의심되었다. 하지만 뭐라 말할 수는 없었다. 더구나 상대는 나를 의사가 아니라 작가로 여긴다 하지 않는가?

그렇게 그녀와 안면을 트고 난 후 그 식당에 자주 갔다. 일부러 그녀를 만나려고 간 것이기도 했다. 그때마다 그 종업원 아가씨는 민망할 정도로 수선스럽게 반겨주었다. 음성도 웃음소리도 쩌렁쩌렁했다. 혹시 갑상선 치료를 받느냐고 물어보고 싶었지만 선뜻 입이 떨어지지 않았다. 질병 또한 지극히 개인적인 문제이기에 함부로 언급한다면 여간 실례가 아닐 게다.

어느 토요일 오후 식당이 한적한 틈을 타 명함을 내밀었다. 어디가 아프면 내게 오라고 말하자 그녀의 가뜩이나 큰 눈이 두 배쯤 더 커졌다. 왜 작가가 아니라 의사냐고 따지기조차 했다. 그러면서 자신은 무척 건강하고 아픈 적이 없어서 병원이라고는 한 번도 가보지 않았다는 것이다. 의사를 보는 것도 처음이라며 내 손을 잡고 어깨가 아프도록 흔들었다. 말을 꺼낸 김에 얼른 갑상선으로 화제를 돌렸다. 아가씨의 목을 조심스레 만져보았다. 맥박도 슬쩍 잡아보니 석탄을 실은 기관차만큼 크고 빠르게 요동치는 것이 느껴졌다. 혹시 갑상선이 문제일지 모른다고 조심스레 얘기해주었다.

그녀는 자신의 신체에 대해 지적하는 것이 불쾌한 듯 당황해했고, 내 말을 신뢰하는 것 같지 않았다. 다만 병원으로 한번 찾아가겠다고 형식적으로 대꾸했다. 하지만 그녀는 병원에 오지 않았다. 식당에 가도 만날 수 없었다. 두 달 후에야 그녀를 다시 보게 되었는

데 하마터면 못 알아볼 뻔했다. 튀어나왔던 눈이 제자리를 찾아 호전적인 인상이 싹 가시고 유순한 느낌의 여인이 되어 있었다. 목의 혹도 상당히 줄어 사슴처럼 가냘파 보였다.

내 말이 영 찜찜해서 대학 병원에 갔더니 의사가 깜짝 놀라더란다. 갑상선 호르몬이 정상인의 10배가 넘도록 왜 여태 내버려두었느냐고 야단을 맞았다고 했다. 그녀는 평소에 심장이 두근거리는 증상을 느꼈지만 일이 과해서 그런 줄로만 알았지 건강에 대해서는 자부하며 살았다는 것이다. 병을 밝혀준 내게 고마움을 표현하는데 어찌나 다소곳하고 수줍어하는지 도무지 이전의 그녀 같지가 않았다. 마치 누가 그녀의 쾌활함과 명랑함을 빼내 간 것 같았다. 그녀도 스스로 의아해했다. 갑상선 치료를 받고부터 호들갑스럽던 자신의 성격이 차분하게 변했다는 것이다. 갑상선 호르몬이 그토록 크게 감정의 변화를 일으킬지 몰랐다고 신기해했다.

이와 유사한 이야기를 A. J. 크로닌의『성채』에서 본 기억이 있다.

주인공 앤드루는 의과 대학을 갓 졸업하고 탄광촌에 취업한다. 한 번은 동료 의사가 정신 이상자를 함께 진료하자고 부른다. 선량하던 남자가 갑자기 기억력이 나빠져 걸핏하면 싸우고 난폭하게 굴며 급기야는 부인에게 칼을 들이대기도 해서 미친 것 같다는 것이다. 동료 의사는 그 남자를 급성 조증으로 진단하고 자살의 위험을 고려하여 얼른 정신 병동에 감금시키려고 한다.

그 당시 영국에서는 정신병자를 입원시키려면 의사 두 명의 진단서가 필요했다. 앤드루는 환자의 성격이 돌변한 이유를 찾으려 한다. 평소에 멀쩡했던 남자가 공연히 정신 착란증을 일으킬 리 없다고 판단한 것이다. 앤드루는 환자의 퉁퉁 부은 얼굴을 눌러보고 점액 수종을 생각해낸다. 갑상선 기능 저하로 생긴 점액 수종의 경우 일반적인 부종과는 달리 피부가 함몰되지 않는다. 갑상선 호르몬을 주사하자 환자는 금방 회복된다. 하마터면 정신 병원에 갇혀 일생을 마감할 뻔했던 환자는 앤드루에게 깊이 감사한다.

이 대목을 보며 조그만 갑상선이 인체에 꼭 마술을 부리는 것처럼 여겨졌다. 정신과에서도 감정 기복이 생긴 환자들에게 일차적으로 갑상선 검사부터 하고 있다. 이렇게 돌변한 식당 아가씨를 만난 계기로 내 눈길은 만나는 이마다 목 부분에 제일 먼저 달려가고 있다.

# 발가벗겨진 의사

## 프란츠 카프카「시골의사」

출근길에 어느 병원 앞에서 1인 시위를 하는 노인을 보았다. 머리가 희끗희끗한 어르신이 어깨를 축 늘어뜨린 채 피켓을 들고 망연히 서 있었다. 피켓에는 '이 병원에서 내 아내를 죽였습니다'라고 적혀 있었다. 순간 한숨이 나왔다. 아내를 잃은 어르신이 측은한 한편 이 때문에 죄책감에 시달릴 의사가 딱하다는 생각이 들었다. 서로 마음고생이 얼마나 심할까?

병원에 도착하자마자 그 사건을 알아보니 대장 내시경 검사를 받다가 장 천공이 생겨 사망한 사고란다. 이런 부작용은 천 명에 세 명꼴로 발생한다는데 생명을 잃었다면 의사의 과실이 없지 않았으리라. 그런데 시위를 할 정도면 쌍방 간에 합의가 이뤄지지 않았을 것이다. 할아버지는 얼마나 억울하면 혼자 거리에 나서서 하소연하게

되었을까?

이렇게 우울한 기분으로 진료를 시작한 탓인지 온종일 소통이 어려운 환자들만 찾아왔다.

첫 환자는 중년 아주머니였다. 국가 자궁암 검진을 받으러 처음 우리 병원에 왔단다. 만 30세가 넘으면 대한민국 국민 누구라도 2년마다 무료 검진을 받을 수 있다. 그 덕분에 초기 자궁암을 많이 발견했으니 선진 의료 정책이라 생각한다. 그런데 검사받은 아주머니가 불만을 토로하는 것이 아닌가? 뭘 검사했는지 모를 정도로 검사가 성의 없고 건성이라는 것이었다.

"그래서 남자 의사를 찾아가야 해! 여자 의사들은 엉터리야!"

아주머니는 거침없이 내게 이렇게 말했다. 갑자기 나 때문에 모든 여의사가 평가 절하되는 듯했다. 국가 자궁암 검진이란 세포를 채취하는 간단한 검사이므로 오랜 시술이나 조작이 필요한 게 아니다. 불편을 느끼지 않도록 재빨리 검사했기에 아무것도 안 한 것처럼 여겨진 것인지 아주머니는 내게 해명할 틈도 주지 않은 채 등을 돌려 나가버렸다.

두 번째로 진료실에 들어선 이는 산모였다. 출산한 지 100일이 지났다는데 유선염에 걸려 양쪽 유방이 벌겋게 충혈되어 고열이 났다. 얼른 항생제를 써야 한다니까 그녀는 강하게 손사래를 쳤다. 우리나라 의사들은 항생제를 너무 남용한다나? 새에게 콩알 주듯 아무 때나 항생제를 먹인 나머지 폐렴처럼 위중한 경우에는 손도 써보지도 못하고 죽는 게 한국 사람이라고 구체적인 예까지 들었다. 딱히

틀린 말은 아니지만 반드시 써야 하는 약을 이런 식으로 거부하다니.

다음은 양 뺨이 새빨간 안면 홍조의 갱년기 환자였다. 땀이 많이 나고 불면증도 심하지만, 무엇보다 얼굴이 빨갛게 달아오르는 것이 고민이라고 했다. 이 모두가 폐경 증상이므로 여성 호르몬제를 복용해야 한다고 설명해주자 또 펄쩍 뛰는 게 아닌가. 호르몬제는 유방암을 일으키는 무서운 약물이라고 다짜고짜 거절했다.

인터넷의 보급으로 의료 지식이 보편화되자 전문가의 권위가 실추되기도 했지만, 무엇보다 우리 사회가 점점 타인과의 소통이 어려워지는 게 더 큰 원인인 것 같다. 그래서 생각난 게 카프카의「시골 의사」이다.

시골 의사는 야간 비상종 소리를 듣고 혹한의 추위 속에서 왕진을 가야 했다. 때마침 말이 죽어버려 발을 동동 구를 때 어떤 낯선 마부가 나타났다. 마차를 얻기 위해서는 마부가 원하는 대로 그에게 하녀를 맡길 수밖에 없었다. 도착해 보니 환자는 응급 상황도 아니었다. 더구나 환자인 소년은 의사에게 자신을 죽게 내버려두라는 게 아닌가. 반면에 보호자들은 의사에게 진료를 강요했다. 겉으로는 정중하게 대접하는 듯했지만 "치료하지 않으면 죽여 버려라"라고 노래를 부르며 의사에게 압력을 가하는 것이었다. 생각에 빠져 머뭇거리는 의사에게 마을 사람들은 몰려와 옷을 홀딱 벗기고 환자의 침대 속에 집어넣었다. 침대 속의 소년은 자리가 비좁아지자 의사의 눈을 후벼 파내었으면 좋겠다는 말을 서슴지 않았다. 의사는 소년에게 쇠스랑에 스친 옆구리 상처가 그 소년을 상징하는 '아름다운 상처'라고 설명하며 통찰력을 가지라고 충고해 주었다. 소년은 의사의 말을 듣고 납득한 듯 잠잠해졌다. 시골 의사는 벗은 옷을 들고 도망쳐 나와 눈 속에서 헤매며 신세 한탄을 했다. 박봉에다 후임자는 자리를 넘보고 시도 때도 없이 비상종이 울리면 왕진을 가야 하는 가련한 처지에다 환자와 보호자에게 이해받지 못하는 것을 괴로워했다.

그는 '처방전을 쓰기는 쉬우나 사람들과 소통하기는 어렵다'라는 명언을 남겼다.

벌써 100년 전에 프란츠 카프카가 이토록 의사의 고충을 이해하는 작품을 썼다는 것이 의아하다. 하지만 소통이 어려운 건 비단 의사와 환자만의 관계는 아닐 것이다. 우리 시대에는 자신의 주장만 고집하고 점점 타인과 멀어지다 보니 모두가 모래알처럼 외톨이로 보인다. 남과 소통하기 위해서는 어떤 노력을 해야 할까? 아마도 독서를 많이 하는 것이 지름길이라고 혼자 결론지었다.

# 의사의 아내

구스타브 플로베르 『마담 보바리』 외

결혼을 앞둔 꽃다운 시절, 친구들 사이에 나돌았던 우스갯소리가 있다. 여의사가 신랑감으로 의사를 만나면 50점, 의사가 아닌 남자를 만나면 100점 아니면 0점이라는 것이다. 부부 의사가 되면 서로 이해를 구하기는 쉬워도 드라마틱한 인생을 기대하기는 어려운 반면, 다른 직업의 배우자를 만나면 의사로서 경험할 수 없는 색다른 삶이 펼쳐진다는 뜻이었다. 결혼 생활이란 배우자의 직업보다는 성격에 의해 더 많이 좌우되겠지만 이제 와 주위를 살펴보니 그 말이 과히 틀린 말도 아니다.

의사 부부들은 고만고만하게 평탄한 가정을 꾸려가는 반면, 그렇지 않은 경우는 인생의 부침을 보였다. 재벌 기업가에게 시집가서 손끝에 물도 안 묻히며 아예 의사 일을 접은 친구도 보았고, 또 극단적인 사례로 감옥에 간 여의사도 보았다. 남편의 사업이 부도가 나는 바람에 명의를 빌려준 아내에게도 책임을 물었기 때문이다.

그렇다면 의사 남편의 특징은 무엇일까? 그걸 한마디로 말하기란 무리일 것이다. 그런데 소설을 읽다 보면 종종 의사의 아내들을 만날 수 있었다. 그리고 그녀들이 남편 몰래 외도하는 장면과 여러 차례 마주하게 되었다. 그래서 의사 남편의 어떤 점이 아내에게 배신을 당하게 하는지를 생각해보았다.

가장 대표적인 예는 플로베르의『마담 보바리』이다. 의사 보바리에게 시집간 엠마는 결혼 생활이 영 따분해 죽을 지경이다. 낭만이라고는 모르고 몰취미한 남편은 환자 외에는 달리 관심이 없다. 결혼에 대해 환상이 가득했던 엠마는 급기야 불륜을 저지르고 만다. 그것도 하나가 아닌 여러 남자와……. 남편 보바리를 속이는 건 어렵지 않다. 그는 엠마를 조금도 의심하지 않는다. 그건 아마 보바리 자신이 남을 속이지 않으며 살기 때문인 것 같다. 결국 엠마는 비소를 먹고 자살하고 아내의 만행을 뒤늦게 알게 된 보바리는 앉은 채로 죽고 만다.

이 작품 때문에 나는 소설 속 의사 가정의 불행을 염두에 두기 시작했다. 그래서 발견한 두 번째 불륜 사례는 노벨 문학상을 받은 트리니다드 토바고의 작가 나이폴의『미겔 스트리트』였다. 이 작품은 개구쟁이 소년의 눈에 비친 우스꽝스러운 사회상을 그린 것인데 여

기에 의사 부인이 잠깐 나온다. 어느 남녀가 소년의 이웃집에 세를 든다. 그리고 날마다 남자는 술에 취해 여자를 구타하며 소동을 피운다. 여자는 원래 의사의 아내였는데 술주정뱅이와 눈이 맞아 애정의 도피 행각을 떠나온 것이란다. 사람들이 남편에게 돌아가라고 말하면 여자는 "나는 그이가 풍기는 그 깔끔한 의사 냄새를 견딜 수가 없단 말이에요. 꼭 질식할 것만 같거든요"라고 대답한다. 한편

의사 남편은 신문에 도망간 아내와 채무 관계가 없다는 공고까지 낸다. 하지만 결국 아내를 받아들여 그녀는 다시 호의호식하며 살더라는 이야기이다. 여기에 나오는 술주정뱅이가 남편에게 치료받던 환자였다는 점도 놀랍다.

이와 똑같이 환자로 찾아온 손님과 불륜에 빠지는 소설이 또 있다. 로맹 롤랑의『장 크리스토프』이다. 불굴의 음악가 크리스토프는 프랑스에서 본의 아니게 군인을 칼로 찔러 죽이는 사고를 저지른다. 어쩔 수 없이 도망쳐서 스위스에 도착했을 때 그는 거의 초주검이 된다. 그를 숨겨주고 도와준 사람은 의사 브라운이다. 의사는 자신의 집에서 건강을 회복할 때까지 얼마든지 머무르라고 한다. 그 집에는 무표정하고 냉랭한 부인 안나가 있다. 크리스토프가 피아노를 연주하자 안나는 그의 음악에 매료된다. 겉보기에는 싸늘하지만 안나는 속에 숨겨진 열정이 있는 여인이다. 의사 남편이 밤낮없이 진료를 위해 집을 비운 사이 안나와 크리스토프는 사랑에 빠진다. 음악이 둘의 감정을 증폭시킨 것이다. 그들은 욕망을 감출 재간이 없다. 안나는 남편이 알게 될까 봐 전전긍긍하며 가스를 틀어놓고 자살 시도를 하지만 실패한다. 크리스토프도 그녀를 따라 자살하려고 스스로 총을 쏘지만 불발탄이었다. 죄의식에 시달리는 크리스토프는 안나를 피해 파리로 떠나고 훗날 그녀가 교회에서 기도하는 모습을 멀리서 지켜본다.

여기에서도 의사 브라운은 아내를 조금도 의심하지 않는다. 심지어 크리스토프에게 안나가 왜 괴로워하는지 그 원인을 아느냐고 묻기조차 한다.

이렇게 남편으로서의 의사들은 고지식하고 단순한 사람일까? 보이는 것만 진리라고 믿는 과학자인 탓에 그들의 상상력은 결여된 것일까? 결코 거짓말이라고는 하지 않는 인체를 연구하다 보니 남을 의심할 줄 모르게 된 것일까? 혹은 자존심이 상하는 걸 견디지 못한 나머지 알면서도 부정하는 것일까?

나 또한 의사 신랑감을 선택한 탓에 한평생 결혼 점수가 50점으로밖에 못 매겨질지도 모르겠다. 하지만 소설 속의 의사 아내들과는 달리 내 삶은 눈부시게 아름다웠노라고 말하고 눈감고 싶다.

# 2
# 하룻밤의 천국

# 인간의 땀에서 저절로 생겨난 사면발니

제임스 조이스 『젊은 예술가의 초상』

얼굴을 잔뜩 찌푸리고 심각하게 인상을 쓴 환자와 마주 앉았다. 그녀는 내게 제발 아무것도 숨기지 말고 사실대로 말해달라고 조른다. 남편에 대한 배신감 때문에 밤새 울었다고 했다. 어제 속옷에 핏가루가 묻어난다고 왔던 환자이다. 피가 보이면 자궁암일지도 모른다는 생각에 그녀는 몹시 긴장하고 있었다. 그런데 진찰 결과 음모에서 사면발니가 발견되자 경악했다. 몸에 흉측한 벌레를 키우고 사느니 차라리 암에 걸린 게 낫다며 민망해서 얼굴을 들지 못한 채 돌아갔다.

사면발니는 머릿니보다 훨씬 작고 주로 음모에 기생하는 곤충이다. 성관계를 통해 옮기 때문에 성병으로 간주한다. 그래서 배우자와 함께 치료하는 것이 필수적이다. 크기가 워낙 작기 때문에 눈으로 찾기가 쉽지 않지만 벌레가 있는 곳은 피부가 푸르스름한 빛으로 변해있다. 피를 빨아 먹기 때문에 피부에 멍이 드는 것이다. 성충보다 더 눈에 잘 띄는 것은 하얀 참깨 모양의 알로서 털뿌리에 다닥다닥 붙어있다. 환자들은 가려움증을 느끼거나 속옷에 점점이 묻은 핏자국을 발견하고 병원을 찾게 된다. 가려움증은 이가 피를 빨아 먹을 때 묻히는 침 성분이 우리 몸에 과민 반응을 일으키기 때문에 생긴다. 드물게는 참게처럼 생긴 사면발니를 손수 잡아오는 환자도 있다.

치료는 특효약인 살충제를 몇 차례 발라주면 쉽게 낫지만 개중에 성격이 급한 사람은 음모를 면도해버리기도 한다. 털구멍에 기식하는 벌레니만큼 털을 깎는 것이 가장 근본적인 치료인 건 사실이다.

이렇게 단순한 병인데도 진료실에서는 얘깃거리가 많이 생긴다. 내가 어렸을 때만 해도 머릿니가 발견되는 친구들이 흔했기 때문에 '이'라는 단어가 친근하지만, 요즘 시대에는 벌레를 몸에 키운다는 사실을 받아들이기가 퍽 힘든가 보다. 사면발니라는 진단을 듣는 순간 환자들은 두 눈이 휘둥그레지면서 대번에 언짢아한다. 더구나 성관계로 옮는다는 걸 알게 되면 울먹거리거나 화를 내기도 한다. 성관계 이외에 달리 옮는 경로가 있는지 캐내려고 안간힘을 쓴다. 예를 들어 공중화장실이나 대중탕에서 감염될 수는 없는지 꼬치꼬치 반복해서 묻는다. 나로서도 잘 모른다. 교과서에는 성을 매개로 전염된다고 적혀있지만 성 경험이 없었던 사람에게서도 사면발니가 발견된 예가 있기 때문에 100% 성병이라고 단정 지을 수는 없다. 일례로 어린 아이가 눈을 하도 비벼서 안과에 갔더니 속눈썹에 사면발니가 살고 있더라는 신기한 보고도 있었다. 그 아이는 엄마에게서 옮은 것이므로 벌레가 직접 기어갔다고 보는 것이다. 그래서 되도록 성병이라는 말을 입에 담지 않으려 애쓰는데 환자들은 인터넷을 뒤져보고 용케 성병이

라는 걸 알아내곤 했다.

오늘 이 환자도 어지간히 같은 질문을 반복한다. 남편에게서도 역시 사면발니가 발견되었지만 그는 외도한 적이 없다고 부인했단다. 오히려 자신이 의심받는 처지가 되었는데 그녀 또한 부끄러운 일을 하지 않았노라 맹세한다. 억울하기도 하지만 그보다 아무래도 남편이 의심스러워 배신감에 치가 떨린다고 했다. 나는 이런 환자들을 위해 대비해놓은 말이 있다. 그것은 제임스 조이스의 자전적 소설『젊은 예술가의 초상』에서 발견한 내용이다.

'이 한 마리가 그의 목덜미 위로 기어가고 있었다. 그는 느슨하게 풀어져 있는 옷깃 속으로 엄지손가락과 집게손가락을 집어넣고 능숙한 솜씨로 그 이를 잡았다. 그런 다음 쌀알처럼 부드럽고 터지기 쉬운 이의 몸을 엄지손가락과 집게손가락 사이에 넣고 잠깐 돌돌 굴리다가 땅바닥에 떨어뜨렸다. 그 순간에 그는 이놈이 살아남을까 죽을까 궁금하다는 생각이 들었다. 이어서 코르넬리우스 아 라피데가 했던 별난 말이 그의 마음에 떠올랐다. 그에 의하면, 이는 인간의 땀에서 태어난 것이지 하나님이 여섯째 날에 다른 동물들과 함께 창조한 것이 아니라는 것이었다.'

대학생인 주인공 스티븐 디덜러스가 한 여인을 생각하며 상념에 빠졌다가 목덜미에서 이를 발견하는 장면이다. 그는 생각에서 퍼뜩 깨어나 그의 마음이 마치 이 같은 벌레나 키운 격이라는 걸 깨닫는다. 모든 사념은 게으른 자의 땀방울에서 태어난 머릿니에 불과한 것이라고 여기는 것이다. 이런 깨달음을 토대로 그는 예술가의 포부를 달성하기 위해 자기 유배의 길을 나서게 된다. 여기에서 스티븐은 벌레에 대해 한 신학자의 의견을 취하고 있다. 즉 하나님이 천지를 창조하실 때 여섯째 날에 이, 파리, 굼벵이 등은 직접 창조하신 것이 아니고, 이는 땀에서, 파리는 썩은 고기에서 저절로 생겨났다는 것이다. 아마 전지전능한 신께서 벌레 따위를 손수 창조했다고 받아들이고 싶지 않아 만든 학설 같다.

사면발니 환자들이 왜 이런 기생충에 걸렸는지 몰라 전전긍긍할 때마다 나는 제임스 조이스의 말을 끌어다 붙이며 당신의 사면발니는 땀에서 자연 발생했을 거라고 얘기해준다. 조금 능청스러운 의사 같지만 환자들은 반신반의하면서도 내심 안도하는 듯이 보였다. 진실은 아무도 알 수 없는 법. 적어도 배우자끼리는 서로 신뢰하며, 결코 사면발니처럼 사소한 벌레 때문에 불필요한 의심은 하지 않고 살았으면 좋겠다.

# 만나고 싶지 않은 의사

## 마르셀 프루스트『잃어버린 시간을 찾아서』

절친한 고등학교 동창 하나가 농담 삼아 하는 말이 있다. 나더러 의사 자격이 없단다. 여태 곁에서 지켜본 30여 년의 세월 동안 당최 아픈 적이 없으니 어떻게 환자를 이해하겠느냐고 시비조로 부러움을 표현하곤 한다. 그러고 보니 날마다 병원에 출근하지만 정작 내 몸이 아파서 병원 신세를 진 적이 없다. 그러니 어떻게 환자의 아픔을 위로해주어야 하는지 잘 모른다. 더러 보호자 신분으로 병원에 가본 적은 있지만 진료 내용 이외의 의사의 태도나 말투, 외모 같은 건 유심히 보지 못했다. 또 간간이 드라마에 의사가 나오기는 해도 우리나라 드라마 속의 의사들은 진료에는 관심이 없고 복잡한 사생활만 펼쳐 보일 뿐이다. 소설 속에도 진료 장면은 흔치 않은데 프루스트의 『잃어버린 시간을 찾아서』 속에 섬세하고 날카로운 보호자의 시선을 그린 부분이 있어서 인상 깊게 읽었다.

주인공 마르셀이 스무 살 무렵의 일이다. 그가 몹시 좋아하는 외할머니가 병이 났다. 이날은 주치의의 지시에 따라 할머니를 모시고 샹젤리제 거리로 산책하러 나간 날이었다. 할머니는 합승 마차에서 내리자마자 구역질이 나는지 입에다 손을 댄 채로 공중화장실로 향한다. 그곳에서 30분이나 지체한 후에 할머니는 모자가 비뚤어지고 외투는 더러워지는 등 행색이 엉망이 되어 나타난다. 그 사이 할머니는 발작을 일으켰던 것이다. 마르셀은 바삐 마차를 부르러 가다 그 거리에 사는 이름난 E 교수를 만난다. 그는 마르셀의 아버지뿐 아니라 할아버지의 친구라 불러도 무방한 인물이다. 마르셀의 집안과는 매우 가깝게 지냈던 사이였다. 마르셀은 그에게 할머니를 진료해주십사 청한다.

"못하겠다는 말은 아니지만 나하고 약속도 없었고 번호표도 안 가지셨으니. 게다가 오늘은 진찰일도 아니고, 댁도 단골 의사가 있을 테고. 그 의사가 자문하지 않는 한 내 멋대로 대리 진료를 할 수 없습니다. 이건 의사가 지킬 의무론의 문제라서……."

E 교수가 이런 말로 거절하자 마르셀은 집으로 왕진을 와달라고 부탁한다.

"댁에 간다? 못 가요. 그런 생각은 하지도 마시오. 나는 이제 상공장관 댁에 가서 식사한다오. 그 전에 곧 옷을 갈아입으려는 참이오. 연미복이 좀 헌 데다가 설상가상으로 훈장을 달 단춧구멍이 없소. 그 단춧구멍이 나를 지체시킨다는 뜻이라오. 그러나저러나 댁과는 절친하니 만일 할머니께서 지금 곧 오신다면 진찰해드리지. 미리 말해두지만 딱 15분 만이오."

그렇게 해서 마르셀은 할머니를 진찰실로 모시게 된다. 일단 진찰실에 들어서자 의사는 서둘러야 할 판인데도 그 거만한 태도를 친절하게 바꾼다. 그토록 습관의 힘이란 강

한 것이다. 그는 환자들에게 상냥히 구는, 더더구나 익살맞게 구는 습관이 있었던 것이다. 그는 할머니가 문학에 매우 소양이 있는 분임을 알고 있다는 듯이 2~3분 동안 그날의 날씨처럼 빛나는 여름날을 노래한 아름다운 시구를 인용해 이야기를 시작한다. 그의 진찰은 면밀하게 이루어진다. 예정한 15분이 다 되어가는데도 의사는 할머니에게 몇 개의 시구를 인용하기 시작한다. 그러다 그는 시계를 꺼내 늦은 걸 보고는 흥분하여 눈썹을 찡그리고 환자와 보호자에게 작별 인사를 하며 갈아입을 옷을 가져오도록 초인종을 울린다. 마르셀은 교수에게 할머니의 용태에 대해 묻는다.

"당신 할머님은 희망이 없소"라고 답한다.

"요독증으로 인해 기절했던 것이오. 요독증 자체야 꼭 죽을병은 아니지만 이 경우는 위태롭다 생각하오. 두말할 것도 없이 나의 오진이기를 바라오. 게다가 댁에는 이미 명의로 소문난 주치의가 있으니"라 하더니 하녀가 연미복을 팔에 안고 들어오는 것을 보고 그가 덧붙인다.

"알다시피 상공 장관 댁에 가서 식사해야 하고, 그 전에 한 곳에 방문해야 하니까. 암! 인생이란 당신 나이에 생각하듯 장밋빛만은 아니라오."

그는 마르셀에게 상냥하게 손을 내밀어 인사한다. 할머니와 함께 마르셀이 응접실을 지나칠 때 큰 노성이 들려온다. 아마 하녀가 훈장을 달 단춧구멍 내는 일을 잊어버렸나 보다. 단춧구멍을 내려면 10분은 더 걸릴 것이다. 둘이 집을 나서는 동안 여전히 의사의 고함이 들린다.

E 교수는 상공 장관과 밥 먹을 계획에 정신이 팔려있고 그것을 여러 차례 자랑하고 있다. 그의 머릿속에는 훈장을 달고 가야 한다는 것 외에는 여념이 없어 보인다. 단지 습관에 의해 환자에게 상냥하게 굴기는 하지만 진심에서 나오지 않는 위로는 적절치 않을 뿐이다. 할머니를 두고 사형선고를 내리듯 희망이 없다는 진단을 쉽게 붙이는 것도 매정하기 짝이 없어 보인다. 조금 이해를 해보자면 할머니에게 이미 고명한 주치의가 정해져 있는데 하필 바쁜 때 찾아와 진찰해달라는 부탁은 마땅치 않을 수도 있겠다.

작가 프루스트는 당시의 귀족과 부르주아 계급의 속물근성을 잘 포착한 점을 높이 인정받는데 진료실 한 장면만 보아도 의사를 얼마나 속물로 생각하는지 그의 소견을 알 수가 있다.

별다른 생각 없이 책을 읽다가 이런 대목을 발견하면

나는 과연 남에게 어떤 모습의 의사로 비치고 있을까 고민하게 된다. 환자들뿐 아니라 보호자들에게 좋은 의사란 어떻게 행동하는 사람일까? 100% 신뢰감을 주거나 특별한 처치가 없어도 치유가 절로 되는 결과는 의사의 어떤 태도에서 얻어지는 것일까? 단지 실력이 좋아 진단을 잘한다는 점만으로는 부족해 보인다. 저기 흐드러진 벚꽃도 각기 꽃잎 하나하나가 다르다는데 우리는 그 모두를 벚꽃이라는 한 단어로 통틀어 일컫듯이 나를 찾아오는 이들을 모두 환자라는 한 단어 아래 일률적으로 대하는 건 아닐까? 환자의 몸뿐 아니라 그의 심정도 고려해야겠다고 다짐한다.

# 의사가 가장 의사다울 때

로제 마르탱 뒤 가르 『티보가의 사람들』

친정 가는 길에 황학동 벼룩시장을 들렀다. 일요일이라 그런지 인파가 북적거리고 특히 외국인이 눈에 많이 띄었다. 봉급을 받고 구경을 나온 듯 싱글벙글하는 동남아 근로자들 모습에 나도 덩달아 즐거워졌다. 진열해놓은 물건보다 구경하는 사람들의 표정이 더 진기해 보였다. 벼룩시장에는 없는 게 없었다. 가전제품이나 자전거처럼 덩치 큰 물건에서 오르골이나 인형처럼 아기자기한 소품까지 끝없이 진열되어 있었다.

한순간 어느 가게에 들어가게 되었다. 내가 물건에 끌렸던 것이라기보다는 물건이 나를 당겼던 것 같다. 고물시계 가게였다. 손목시계를 차고 다니지 않은 지는 한참

되었다. 휴대폰이 생활화되면서 시계를 들여다보는 습관은 없어졌다. 숫자로 시간을 알려주는 기계에 맛 들인 나머지 원판 시계는 어느새 뒷전이 되어버렸다. 나를 유혹한 것은 손목시계가 아니라 회중시계였다. 뚜껑에는 그리스 신화를 연상케 하는 소녀와 청년이 그려져 있었다. 금색의 가장자리가 드문드문 색이 벗겨진 시계는 오랜 시간을 간직한 듯했다. 내가 만지작거리며 태엽을 감아보자 나이 지긋한 주인장이 다가와 시계의 명가인 스위스 제품이라고 설명을 보태주었다. 그러면서도 가격은 그리 비싸게 부르지 않았다. 벼룩시장의 매력이 두 배로 느껴졌다. 바야흐로 나는 회중시계를 장만하게 되었다.

몇 해 전에『티보가의 사람들』을 읽은 후부터 환자의 맥박을 잴 때 주머니에서 회중시계를 꺼내는 의사가 되고 싶었다.

"여보게, 의사란 절박한 경우에 자기 자신만의 세계로 돌아가 혼자 깊이 생각할 수 있어야 한다네. 그렇게 하기 위해서는 한 가지 방법이 있어. 즉 크로노미터를 이용하는 것이지. 의사는 자기의 조끼 호주머니에 받침 접시만큼 크고 묵직한 크로노미터를 갖고 있어야 해! 이것만 있으면 구원받을 수 있지. 무엇인가 생각하고 싶다거나, 아무에게도 방해받고 싶지 않을 때 이 마법을 쓰는 거야. 즉 보란 듯이 그것을 꺼내어 맥을 짚는 거지! 눈금을 들여다보면 침착한 기분으로 판단을 내릴 수 있고, 서재에서 머리를 감싸고 있는 것과 마찬가지로 정신을 집중해서 진단을 내릴 수도 있어……. 자네, 이 점에 대해서는 내 경험을 받아주고 뛰어가서 멋진 크로노미터를 사오게나!"

이 대목은 의사인 주인공 앙투안느가 은사를 찾아갔을 때 들은 이야기이다. 노교수는 시계를 들여다보며 환자의 맥박을 재는 일이 의사를 구원하는 마법이라고까지 말한다. 정말 공감이 가는 말이다.

맥박에 대해서는 잊지 못할 기억이 있다.

레지던트 3년 차 때 당직을 서던 밤이었다. 제왕 절개술을 받은 산

모가 심하게 하혈을 했다. 수혈하고 온갖 약을 쏟아부어도 멈추지 않았다. 이런 경우에는 담당 교수님께 전화로 보고해야 했다. 환자 상태가 어떠냐는 질문에 나는 혈압이 정상이고 환자 의식도 멀쩡하다고 어물거렸다. 교수님은 답답한 듯이 맥박은 몇 번이냐고 물으셨다.

"맥박이요? 그건 안 재봤는데……."

사실 맥박을 측정하는 건 간호사의 업무라 내가 직접 재볼 생각을 못했다.

"뭐라고?"

교수님은 나의 멍청함에 많이 놀라신 것 같았다. 당장 맥박부터 체크해보라는 불호령이 떨어졌다. 그다음에는 내가 깜짝 놀랐다. 환자의 맥박이 1분에 150번이나 되었기 때문이다. 정상인의 맥박이 분당 72번인 것에 비하면 두 배가 넘는 수치였다.

교수님께 보고하자마자 수술 준비를 다시 하라는 지시를 들었고 이불을 박차고 달려 나왔을 교수님과 함께 우리는 그 밤에 자궁 적출술을 했다. 그때 곧바로 손쓰지 않았더라면 산모는 영영 생명을 구하지 못했을 것이다.

이 사건을 겪으면서 나는 맥박의 중요성을 절감했다.

과다 출혈이 있으면 체내의 피가 모자라 혈압이 떨어지는데 이 환자의 경우는 혈관으로 수액을 퍼붓다시피 했으므로 혈압이 내려가지는 않았지만 맥박까지 속일 수는 없었던 것이었다. 희석된 피는 산소를 제대로 나를 수 없기 때문에 심장은 산소 공급을 위해 맥박 수를 두 배나 늘린 셈이었다.

요즘의 나는 산부인과 진료를 해도 큰 수술이 거의 없으니 맥박 측정이 필수적이지 않다. 간혹 이유 없이 기운이 너무 없다고 호소하는 사람들의 맥을 잡아보는 경우가 있다. 하지만 숫자를 정확하게 세어보기보다는 미뉴에트처럼 느린지 행진곡처럼 빠른지 혹은 쇼팽의 야상곡처럼 불규칙한 박자인지 감지하는 정도다. 하지만 맥박을 잴 때면 환자들은 내 얼굴을 뚫어지게 쳐다보곤 한다. 혹시 특이한 진찰 소견이라도 나올까 봐 긴장하는 것이다. 의사가 맥박을 잴 때만큼은 주변의 소음은 모두 배제한 채 오직 환자의 혈관에만 집중한다. 다만 1분일지라도 온전한 감각을 상대에게 내어주는 그 시간은 무엇에다 비길 수 없을 것이다.

최근에는 손가락 끝에 매달면 10초 안에 맥박 수가 뜨는 기계도 있다지만 멋진 회중시계를 장만한 나는 고전적인 방법을 고수하면서 성의껏 환자의 맥박을 잴 작정이다.

## 선생님 잔인해요

### 구스타프 플로베르 「구호 수도사 성 쥘리앙의 전설」

방금 치료받은 환자가 옷을 여미며 나오다가 내게 볼멘소리를 한다.

"그렇게 잔인하신 줄 몰랐어요."

불두덩에 생긴 잣알만 한 종기를 짜주는 동안 아프다고 소리 지르던 아가씨이다. 종기란 어설프게 건드리면 성나기 마련이라 뿌리를 뽑으려 내 두 손끝에 기를 모아 애썼건만 환자가 느끼기에는 잔인했던가 보다. 멋쩍은 웃음을 지어 보이며 그 덕에 빨리 나을 거라 위로해주지만 그녀의 말에 내심 찔리는 구석이 있다.

아주 오래전 초등학교에 갓 들어갔을 때였다. 친구들에게 으스대고 싶었던 나는 집으로 몇 명을 불러 모았다.

집이라고 해도 언니와 오빠에게 밀려 내 방 하나 제대로 없었지만 마당 한구석에 굉장한 것이 숨어 있었기 때문이다. 창틀 밑 으슥한 곳에 있는 그것은 거미가 군데군데 만들어 놓은 거미 알집으로 크기는 콩알보다 작았다. 시멘트벽과 똑같은 색깔에다 벽에 딱 들러붙어 있어서 유심히 찾지 않으면 절대로 발견할 수 없는 보물이었다. 마치 텐트를 쳐놓은 것처럼 볼록한 알집은 탄력이 강한 막으로 싸여있었다. 아이들의 눈길이 모인 가운데 나는 손톱을 세워 거미 알집을 찢어 보였다. 그러자 100마리쯤 될까? 200마리쯤 될까? 채송화 씨앗만 한 새끼 거미들이 고물거리며 기어 나왔다. 친구들은 탄성을 내지르고 나는 우쭐해졌다. 지금도 거미 알집을 찢던 감각이 고스란히 기억난다. 야릇한 쾌감이 있었다. 나 때문에 때 이르게 세상에 나온 미숙아 거미들은 아마 생존하지 못했을 것이다. 그럼에도 불구하고 어린 나는 거미 알집이란 알집은 모두 찢어발겨 놓았다.

왜 그리도 잔인했을까? 곁에 부모 거미가 있었다면 얼마나 통탄했을까? 불과 아홉 살의 소녀가 거미에게 광폭한 짓을 하는 걸 보면 본디 인간에게는 잔인성이 내재해 있는 건 아닐까? 지금도 나쁜 일이 생기면 그때 거미들을 많이 죽여서 벌을 받는 거라 생각하곤 한다.

또 내가 잔인하다고 느꼈을 때는 의과 대학에 들어가고 나서였다. 생물학 시간에 조교 선생님이 오물오물 클로버 잎을 먹고 있는 열 마리의 토끼를 박스에 담아 데리고 들어왔다. 쫑긋거리는 두 귀를 잡아 클로로포름에 마취시키고 나서 하얀 털가죽을 벗겨내었다. 털을 빼앗긴 토끼는 붉은 살의 알몸으로 아무런 저항도 없이 날카로운 실험용 칼을 받아들였다. 칼에 찔려 가슴 한복판의 심장을 내보이며 우리에게 순환 계통을 알려주었다. 대상이 어디 동물에게만 국한되었으랴. 해부학 실습 때는 죽은 인체에도 칼날을 들이대었다. 수술할 때는 희고 고운 살결을 가진 귀부인의 복부 한가운데에도 칼집을 내었다. 내 칼날이 스치는 길을 따라 노란 피하 지방과 새빨간 혈액이 선명한 대비를 이루었다. 그런 수련을 거친 사람들이니까 어쩌면 잔인한 게 의사의 본성인지도 모르겠다.

얼마 전에 구스타프 플로베르의 「구호 수도사 성 쥘리앙의 전설」을 읽고 인간의 잔인함에 대해 또 다른 생각을 하게 되었다.

주인공 쥘리앙은 성주의 아들로 태어나던 날 장차 성자가 될 거라는 예언을 받았다. 또 그는 무수한 살육을 한 후에 황제의 일가가 되리라는 계시도 받았다. 쥘리앙은 예언 그대로의 삶을 살게 된다. 어릴 적 생쥐를 죽이며 남모르는 기쁨을 느끼던 그는 사냥을 배우게 된 후로 야수처럼 변해 수없이 많은 사슴들을 활로 쏘아 죽였던 것이다. 하루는 새끼를 모두 잃은 수사슴이 쥘리앙에게 뿔을 들이대며 저주를 퍼붓는다.

"이 잔인한 놈아! 언젠가 너는 네 아비와 어미를 죽일 것이다."

쥘리앙은 저주가 두려워 부모님이 계신 성에서 도망쳐 나온다. 그는 군대에 들어가 큰 무훈을 세우고 황제의 딸을 아내로 얻는다. 황제의 사위가 되어 부러울 것 없는 삶 가운데 사냥을 다시 시작한다. 어느 날 사냥을 나간 사이 쥘리앙의 부모가 방문한다. 불현듯 사라진 쥘리앙을 찾으러 다니느라 성주였던 아버지는 거지나 다름없는 모습이 되어있었다. 쥘리앙의 아내는 시부모를 자신의 침대에 모신다. 사냥에서 돌아온 쥘리앙은 아내의 침대 속에 낯선 사람들이 있는 것을 보고 힘껏 칼로 찌른다. 결국 어머니와 아버지를 자신의 손으로 죽이고 마는 것이다. 수사슴의 저주가 실현되는 순간이다. 날이 밝아 진실을 알게 된 쥘리앙은 자신의 운명을 두려워하며 길을 떠난다. 그는 구걸하며 세상을 떠돌아다닌다. 강가에 이르러 진흙으로 집을 짓고 배의 노를 잡는다. 어려운 사람들을 구호하며 노를 젓고 살던 쥘리앙에게 하루는 문둥병자가 찾아온다. 그 병자는 쥘리앙에게 한 침대에서 껴안아 줄 것을 요구한다. 쥘리앙은 마다하지 않는다. 그 순간 문둥병자는 예수님이 되어 쥘리앙을 푸른 하늘로 데리고 올라간다.

이 내용은 플로베르가 고향 루앙의 성당 스테인드글라스에 그려진 그림을 보고 단편으로 엮은 것이라고 한다. 쥘리앙의 전설이 유난히 내 마음에 와 닿는 이유는 인간이 얼마만큼 잔인할 수 있는지, 그러나 진정으로 참회하면 어떻게 구원받을 수 있는지 잘 보여주기 때문이다.

내게 잔인하다고 한 환자를 보내놓고 잠시 생각에 잠겼다. 그녀의 잔인하다는 표현은 사실 내 치료가 모질고 인정사정없었다는 뜻이리라. 하지만 의술에는 어쩔 수 없이 그런 몰인정함이 요구되는 걸 어찌하랴. 주저하지 않고 단번에 확실히 해결하는 그런 성정은 좋게 보면 의사의 단호함이라든가 대범함일 것이다. '가장 좋은 망나니는 단칼에 해치우는 사람'이라는 말처럼 세상에는 망설여서는 안 되는 일도 있는 법이다. 의사가 종기 하나 시원하게 못 짜고 여러 날 걸려서 낫게 한다면 명의라 할 수 없을 테니까. 그러나 나는 혹시 잔인함을 당연히 여기고 거기에 익숙해질까 봐 두렵다. 어릴 적 거미 알집을 찢으며 희열을 느꼈을 때처럼 남에게 상처를 주는 말을 하며 잔인하게 굴 때도 없지 않으니……. 어머니는 닭 요리를 할 때 꼭 가게에서 잘라오는 반면 나는 곧잘 도마 위에 올려놓고 토막 내는 걸 즐기는 것만 봐도 내게는 어떤 잔인한 취향이 숨어있는 것만 같다. 어쩌면 우리의 본성 중에 잔인함이 있다 하더라도 부단한 수련으로 짐승과 차별되는 성품을 갖도록 노력해야겠지. 잔인함을 딛고 넘어서서 성자가 된 쥘리앙처럼 의사란 그 잔인함으로 구원받는 직종이 아닐는지.

# 명의의 조건

마르셀 프루스트『잃어버린 시간을 찾아서』

"선생님께 치료받았을 때는 한 번에 나았는데 저기 옆의 병원은 일주일째 다녀도 좋아지지 않아요."

이런 말을 하며 진료실에 들어서는 환자를 만나면 반갑고 좋은 반면 동시에 경계심이 생기는 것도 숨길 수가 없다.

아니, 우리 병원에서 한 번에 잘 나았다면서 어찌 다른 병원을 찾아갔다는 말인가? 물론 집에서 가까워서 갔었노라고 변명을 붙이는 이도 있지만 나로서는 서운할 수도 있는 부분이다. 그뿐만 아니라 다른 병원에 대해 불만을 가질 수 있다면 언젠가는 나에 대해서도 똑같이 반응할 가능성이 있다는 걸 예상해야 한다.

그래서 이런 환자를 만나면 더욱 신경을 쓰기 마련이다. 진료란 질병을 없애는 데만이 아니라 환자의 심리적인 면을 충족시키는 데에도 목표를 두기 때문이다.

그러므로 오늘날 많은 환자들이 대형 병원의 저명한 의사 선생님에게 쏠리는 현상을 탓할 도리가 없다. 유명한 의사에게 치료받아야만 만족한다는데 어쩌겠는가? 그래서 텔레비전에 '명의'로 소개된 의사는 진료 예약이 6개월씩 밀려있기 일쑤인데, 그 명의에게 간신히 진료받아도 달랑 1분 남짓 의사의 얼굴을 보았을 뿐이라고 볼멘소리가 들리곤 한다.

내 병을 잘 치료해주는 의사가 최고지, 세상에 이름이 드높다고 해서 반드시 내게 좋은 의사는 아닐 것이다. 마르셀 프루스트의『잃어버린 시간을 찾아서』에 이 점을 잘 표현해주는 대목이 있어 소개하고자 한다.

화자인 마르셀의 집안은 귀족은 아니지만 프티 부르주아(중산층)로 파리에서 남부럽지 않게 살고 있다. 집에 드나드는 주치의도 당대 최고의 의사로 손꼽히는 사람들이다. 그중에 코타르 교수가 있다. 그는 아내와 함께 사교 모임에 열심히 참석하는 인물인데 유감스럽게도 그가 다니는 곳은 이류급이다.

코타르의 성향은 다음과 같이 표현된다.

"그는 그에게 말을 건네는 상대에게 대꾸해야 할 어투를 결정하지 못했고, 또 상대가 농으로 하는 말인지 또는 진지하게 하는 말인지 통 분간을 못했다. 그래서 무조건 얼굴에 조건부적인 동시에 일시적인 미소를 덧붙였는데, 그 미소는 모든 걸 기대하게 만드는 미묘한 것으로 만약 상대가 하는 말이 익살스러운 경우에도 얼간이라고 비난했다는 걸 면하게 해주는 그런 종류의 것이었다. 그는 거리에서도, 또 대체로 일상생활에서도 살롱에서와 마찬가지로 어떻게 처신해야 하는지 통 자신이 없어서 (중략) 미리 자기의 태도에서 상황에 맞지 않은 부분을 없애버리는 미소를 보내는 것이 보였다. 왜냐하면 설혹 그 태도에 적당하지 않은 점이 있더라도 자기는 그걸 잘 알고 있다는 것을, 동시에 농으로 그런 태도를 지었다는 것을 그 미소가 증명해주기 때문이다."

그는 오랜 시간 사교계에 드나들었으면서도 세련미가 부족해 매사를 곧이곧대로 받아들이는 점이 탈이었다. 예를 들어 모임에서 공연 무대와 너무 가까운 자리에 앉게 된 경우, 초대한 여주인이 인사치레로 불편하지 않았냐고 물으면 "정말 이 자리는 너무 가까운데요"라고 하면서 무대에서 공연된 작품도 식상했다는 말을 서슴지 않았다. 사교계에서는 하고 싶은 말을 우회적으로 완곡하게 표현하는 것이 우아함의 기준이자 특징이라고 한다면 코타르는 남의 말을 액면 그대로 믿고 따른다는 점이 특징인 셈이었다. 그러나 그가 속한 이류급 사교계에서는 코타르를 당시 아카데미 회원 자리까지 오른 포탱보다 실력이 높다고 추켜세우곤 했는데, 여기서 코타르와 같은 의사의 속물근성을 조명하려는 작가의 의도를 여러 차례 엿볼 수 있다.

다 아는 바와 같이 프랑스에서는 휴가철이 되면 도시인들이 휴양지로 떠나기 마련이다. 화자는 노르망디 해안의 발베크에 갔을 때 파리 사교계 사람들을 다시 만난다. 그중 코타르를 만난 날의 이야기이다.

코타르는 휴가 중에는 의사 일을 하지 않는다고 말해 왔으나 이 해안에서 알토란 같은 단골을 만들 작정이었다. 물론 발베크에 상주하는 의사가 있었지만 그 의사는 코타르의 적수가 될 수 없었다. 그 발베크 의사는 각 과를 모두 겸하는 일반의로 양심적인 의사였다. 환자가 조금 가렵다고 말하면 즉각 복잡한 처방의 연고나 로션 또는 고약을 일러주는 사람이었다. 어느 집 하녀가 말했듯이 그 의사는 부상과 베인 데 마술을 부릴 줄 아는 용한 의원이었다. 그러나 전문 분야가 없었으므로 그는 코타르에게 조금도 위협이 되지 않았다. 코타르는 교수에서 임상의로 전직한 이래, 중독에 대한 전문가가 되어있었다. 이 중독 치료라는, 의학의 새로운 분야는 제약 회사의 라벨을 '본 제품은 이 약의 대체물들과는 달리 중독성이 없고 오히려 중독 제거에 유효함'이라고 고쳐 쓰게 만들었다. 그것이 유행하는 광고 문구가 되었다. 그 라벨 밑에는 읽기 힘든 크기로, 유행에서 살아남은 흔적으로서 '본 제품은 정성껏 살균되었음'이라는 문구가 보였다. 또 중독 치료는 환자가 자신의 마비를 중독에 의한 장애에 지나지 않는다고 기꺼이 받아들이게 함으로써 환자를 안심시키는 데 도움이 되었다. 그런데 어느 대공이 발베크에 며칠 체류하러 왔다가 한쪽 눈이 심하게 부어올라 코타르를 불렀다. 코타르는 100프랑짜리 지폐 몇 장의 대가로(코타르는 이보다 더 적으면 그 누구라도 치료할 수 없다고 거절했기에) 이 염증의 원인을 중독으로 돌리고 중독 제거 식이 요법을 명했다. 그래도 눈의 부기가 빠지지 않아 대공은 발베크의 일반의에게 진료를 요청하니 그는 5분 만에 먼지 알갱이를 빼내 주었다. 다음 날 부기는 가신 듯 없어졌다.

그보다 코타르의 위험한 적수는 저명한 신경과 전문의였다. 그는 불그레한 얼굴을 한 쾌활한 사내로 "안녕하십니까. 다시 만납시다"라고 말하면서 껄껄 웃음으로써 환자를 안심시켰기 때문이다. 그는 근육질의 팔을 내밀어 환자를 잡을 태세가 되어있었고 정신 병원에 보내어 구속복을 입힐 수도 있었다. 그 의사는 정치 모임이건 문학 모임이건 상대의 말을 친절하게 귀담아 들어주곤 했는데 진찰이라도 하는 듯 금방 대꾸하지 않는 그 태도는 "무엇을 도와드릴까요?"라고 묻는 듯했다.

이 대목에서 우리는 세 명의 의사를 만나게 된다. 코타르라는 의대 대학 교수는 휴가 중이니 표면적으로는 진료를 안 한다고 하면서도 휴양지의 환자를 독점하려고 애쓰며 거액의 진료비를 챙기고 있다. 다른 의사는 발베크에 원래 있던 일반의로 양심적인 사람이라 환자들에게 신망을 얻고 있다. 전문의가 아닐망정 그는 코타르가 낫게 하지 못했던 대공의 눈에서 단박에 티를 발견하고 제거해줄 만큼 실력을 갖춘 의사이다. 또 다른 의사는 신경과 전문의인데 이 의사는 호쾌한 태도로 환자들에게 위안을 준다는 장점을 가졌다. 특히 모임에서조차 상대의 말에 집중하고 진료하듯 귀 기울이는 모습을 보임으로써 상당히 남을 배려하는 사람이라는 걸 느끼게 한다. 이들 때문에 코타르는 잔뜩 약이 올랐음이 틀림없다. 그의 분노를 엉뚱한 의사에게 표출하는 장면이 이어서 나온다.

여기에서 보듯이 의사가 대학교수라는 직책을 가졌다거나 중독 치료라는 새로운 분야를 개척했다거나 거액의 진료비를 청구할 만큼 자신의 진료에 자부심이 크다고 해서 반드시 좋은 의사인 건 아니다.

일반의라고 해도 눈의 티를 잘 꺼내주는 의사가 유능한 의사인 셈이고 이런 의사는 환자의 눈에 마술을 부리는 듯이 비칠 수도 있다. 또 쾌활한 인사로 환자를 안심시키는 의사, 나아가 모임에서조차 남의 말을 경청하고 무엇을 도와야 할지 묻는 듯이 보이는 의사가 코타르와 같은 의사의 적수가 된다고 지적함으로써 작가는 좋은 의사의 자질을 역설하고 있다.

내게 와서 다른 병원의 흠을 잡는 환자들은 공통적으로 의사의 태도에 불만을 토로하는 경우가 많다. 환자들이 진정 원하는 것은 질병을 없애주는 치료보다는 따뜻한 보살핌을 받는 느낌이 아닐까? 그러므로 명의란 병만 잘 고치는 실력자를 뜻하는 게 아니라 아픈 이의 마음을 따뜻하게 어루만질 줄 아는 사람을 뜻할 것이다.

# 하룻밤의 천국

이탈로 칼비노 『존재하지 않는 기사』

산부인과 의사에게 진찰받는 것을 신부에게 하는 고해 성사쯤으로 생각하고 미주알고주알 사연을 털어놓는 환자들을 간혹 만난다. 진찰만 하면 의사는 밤새 생긴 사건을 다 알리라 예상하는 것 같았다. 그래서 대담하게 말하는 환자보다 듣는 내가 몇 배나 수줍게 낯을 붉히는 순간이 생긴다. 그들의 말을 들어보면 남녀 관계에서 생기는 애정 문제는 사랑에 대한 서로의 견해 차이가 가장 큰 이유인 것 같다.

15년 전까지만 해도 혼전 순결에 대한 고민을 상담하는 환자가 많았다. 더러 성형 수술로 감쪽같이 처녀로 돌아가게 만들어 그들의 행복한 첫날밤에 기여하곤 했는데, 요즘에는 처녀막 같은 건 중시하는 것 같지 않다. 다만 결혼 전까지 간직하고 싶은 순결을 지켜주지 않는 남자들을 이해할 수 없다고 툴툴대는 아가씨들은 많이 보았다.

원래 남의 커플 사이에는 끼어들지 않는 게 상책이거니와 지극히 사적인 그런 문제에 정답은 따로 없는 것 같아 나는 먼 산을 바라보는 것처럼 시선을 돌리는 방식으로 대답을 회피하곤 했다.

가장 곤혹스러운 시간은 기혼 여성이 불륜에 휘말려 고민을 털어놓을 때다. 엄연한 가정이 있는 유부녀가 사고를 치고 와 뜻밖에도 임신이 되었다거나 기가 막힌 성병에 걸렸다고 하소연할 때, 나는 같은 여자로서, 또 치료자로서, 동시에 성숙한 인간으로서 어떤 말을 해줘야 할지 참으로 난감한 적이 많았다.

그네들이 하는 말은 항상 똑같았다. 비록 법적으로는 유부녀지만 심정적으로는 영원한 소녀이기 때문에 남편 외에 삶의 어려움을 함께 짊어질 남자가 있는 게 좋았다고. 외로울 때 함께 차 마시고, 심심할 때 함께 영화 보고, 여유 있을 때는 함께 남한강 변을 드라이브하는 그런 남자가 곁에 있는 게 얼마나 든든한지 모른다고. 그 남자들은 남편보다 자신을 훨씬 위하고 배려하고 즐겁게 해줘서 여태 느끼지 못했던 색다른 감정을 느끼게 해준다고. 그게 달리 말하면 사랑일 거라고. 다만 결혼의 신성함을 지키기 위해 자신은 일정한 선을 넘지 않으려 애썼는데 남자들은 그러지 않았다고.

"사랑한다면 증표를 보여줘 봐"라는 요구에

"우리 정신적으로만 사랑하자. 응?" 이렇게 부탁하면 조금 유식한 남자는 이렇게 말한단다.

"인간을 육체와 정신으로 나눈 건 아리스토텔레스 이후의 서양 철학일 뿐이야. 이원론은 서구적인 사상이지. 우리는 동양 사람이잖아?"

또 조금 낭만적인 남자는 이렇게 말한단다.

"섹스가 매혹적인 건 우리 정신이 쉽게 도달할 수 없는 어떤 한 지점에 육체가 먼저 달려가 닿기 때문이야. 우리 그곳으로 가보자."

아주 무식한 남자는 이렇게 말한단다.

"한강에 배 지나가면 흔적이 남는감? 죽으면 썩어질 몸. 아무도 모르게 해뿌리자."

종합해보면 애인을 소유한 남자들의 궁극의 목표는 여인과 몸으로 그 사랑을 확인해보는 데 있다는 걸 알 수 있다.

남의 연애사를 시시콜콜 듣고 나니 전혀 이해 못 할 바도 아니다. 그 숱한 고민들을 분석해보면 오늘날 남한강변에 왜 그리 많은 모텔이 늘어서 있는지 수긍이 간다. 어느 과격한 소아과 의사가 쓴 칼럼에서 우리 시대에 기형아가 많이 태어나는 이유는 남한강이 불륜의 분출물로 오염되었기 때문이라는 내용을 보고 섬뜩했던 기억도 있다.

그런데 고맙게도 육체적 사랑에 대해 번민하는 환자들에게 추천해줄 수 있는 좋은 소설을 발견했다. 이탈로 칼비노의 『존재하지 않는 기사』에는 육체가 없이 정신만 갑옷 속에 담긴 기사 아질울포가 나온다. 그는 새하얀 갑옷을 입고 존재하겠다는 의지의 힘만으로 존재하면서 완벽한 기사도 정신을 발휘한다. 투구를 젖혀보면 눈, 코, 입 아무것도 없는 무(無) 그 자체지만.

샤를마뉴 대제의 지휘 아래 이교도와의 전쟁에 참가한 아질울포는 육체가 없으므로 그 무엇에서도 빈틈이라고는 없다. 군대의 규율을 완벽하게 정비하고 모든 사실을 완벽하게 기억하는 기사다. 그렇다면 이 육체 없는 아질울포가 여자와 사랑은 할 수 있을까?

그는 하인과 함께 길을 가다 곰들의 습격을 받는 어느

성을 지나가게 된다. 성주 프리쉴라는 미망인으로 곰들을 일부러 사육했는데, 기사가 지나갈 때마다 곰들을 풀어 성이 위험에 처한 척 가장하여 남자를 꾀어들이는 중이었다. 투철한 기사도 정신을 가진 아질울포는 창을 휘둘러 곰을 여러 마리 쓰러뜨린 후에 그녀를 구하러 기꺼이 성으로 들어간다.

프리쉴라는 '존재하지 않는 기사'에 대해 이미 알고 있어서 그를 유혹하려는 기대로 가득 차 있다. 그녀는 수많은 남자를 후려낸 후 폐인으로 만든 색녀였던 것이다. 갑옷만 있을 뿐 육체가 없는 아질울포와 그녀와의 사이에 어떤 정사가 가능할까?

그날 밤 둘은 식사하고, 류트 음악을 감상하고, 나이팅게일의 노래를 듣고, 난로의 불꽃을 바라보고,

함께 침대 시트를 완벽하게 정리하고, 탑 위로 올라가 달빛을 구경한다. 새벽녘, 알몸이 된 프리쉴라는 갑옷에 안겨 침대에 들어가는데 아질울포는 새벽 여명에 여인의 얼굴이 물드는 것이 가장 아름답다며 서서히 떠오르기 시작한 해를 따라 침대를 시시각각 옮겨 아름다움을 계속 느낀다. 그러다 보니 날이 샌다. 그 사이 아질울포의 하인과 성의 하녀들은 괴성을 지르며 광란의 밤을 보낸다.

아질울포가 떠난 후 하녀들이 모여들어 질문을 퍼부었을 때 프리쉴라는 대답한다.

"오, 그 사람은 남자야. 진짜 남자야. 하룻밤 내내 천국이었어."

반면에 프리쉴라가 하녀들에게 하인과 지낸 밤이 어땠느냐고 물었을 때 그녀들은 밤새 아무 일도 없었노라고 답한다. 직접적인 관계를 맺지 않고도 최고의 밤을 보냈다고 말하는 프리쉴라와 밤새 교성을 내지르고도 아무 일 없었다고 말하는 하녀들을 대비시켜보니 사랑에 있어 육체란 반드시 필요한 건 아니라는 생각이 들었다. 앞으로 남녀 관계에서 애정 문제로 고민하는 이들에게 이 작품을 소개해줄 작정이다.

## 제때에 죽는다는 것

### 오노레 드 발자크『시골 의사』

아버지가 병약하다는 점은 어머니의 가장 큰 무기였다. 어머니는 말끝마다 "너희 아버지는 허약하시니까"라는 말로 우리를 통제하려 들었다. 예를 들어 내가 피아노를 배우게 해달라고 조르면 "아서라. 공부나 할 것이지. 가뜩이나 약한 네 아버지가 들으면 놀라 자빠지실 거다"라는 식으로 매사를 반대하는 데 아버지의 건강을 이용했다. 식구 중에 누군가 낙제하거나 입시에 낙방했을 때도 개인 사정으로 집안에 걱정을 끼친 것보다는 약한 아버지를 괴롭혔다는 점에서 더 큰 죄악으로 평가했다. 언니가 못마땅한 남자와 사귀며 도무지 헤어지지 않으려 할 때도, 또 오빠가 느닷없이 의사가 되지 않겠다고 선언

할 때도 어머니는 "아서라. 네 아버지 아시면 일찍 돌아가실라"라는 말로 단칼에 제압했던 것이다.

한편 아버지의 허약함이 사실이라는 걸 증명하기라도 하듯 세상의 온갖 보약은 어머니의 손끝을 통해 아버지에게 향했다. 부엌 아궁이 한쪽에서 염소로 만든 진액이나 개로 만든 소주가 펄펄 끓지 않는 날이 드물었고, 보약의 대부 격인 십전대보탕이나 두뇌에 특히 좋다는 귀비탕이 피우는 한약 냄새가 멎는 날 없이 진동했다. 뱀술이나 말벌주처럼 보기에도 섬뜩한 약주가 항시 비치되었으며 귀한 녹용이나 녹각도 어디선가 끊임없이 공급되었다.

그 덕분에 아버지는 천수(天壽)를 누렸단다. 천수인지 아닌지 어떻게 아느냐고? 그것은 고인이 운명하신 때를 보고 판정하는 것이라 했다. 아버지가 세상을 뜬 시각은 계미년(癸未年) 정미일(丁未日) 미시(未時)로 양(未)들의 행진이다. 다만 월(月)이 양의 달인 음력 6월이 아니고 9월인 점은 고인이 생전에 복을 많이 지어서 옥황상제가 데려가는 데 3개월의 유예 기간을 준 것이라고 했다. 이렇게 죽는 시각의 연월일시가 똑같은 지지(地支)로 맞아떨어질 확률은 1/12의 네제곱인 1/20,736로 꽤나 희소한 수치이다. 그러나 유예 기간이라는 변수까지 작용하는 마당에 어찌 한 사람의 정확한 천수를 계산할 수 있으리오.

아버지가 천수를 누렸는지 아닌지에 대해 내가 예민하게 반응하는 데에는 달리 이유가 있다. 산삼 때문이다. 아버지가 뇌졸중으로 쓰러지고 난 후, 나는 우연히 심마니 한 사람을 알게 되었다. 산삼 한 뿌리만 있으면 병자가 자리에서 벌떡 일어나리라는 기대로 거금을 들여 열 뿌리를 샀다.

그때 어머니가 큰 근심을 내비치셨다. 노인이 산삼을 먹으면 '제때에 못 죽는 법'이라고 내 효심을 뭉개며 만류했던 것이다. 노화와 함께 전신의 기능이 쇠해지면서 자연사의 길로 접어드는 것이 생명의 법칙이라면서 산삼과 같은 자양 강장제는 죽음의 강을 건너지 못하도록 방해한다는 견해를 펼치셨다. 죽음의 신이 찾아왔을 때 이승을 떠나지 못하고 주저주저 뒤돌아보며 더 고통스러운 시간을 연장시킨다고나 할까? 망나니가 단번에 목을 베지 못하고 여러 차례 도끼질하는 것처럼 상황을 더욱 잔인하게 만드는 것이라고 할까?

어머니의 그 말 때문에 산삼을 장만했던 나는 아버지가 제때 돌아가시지 못할까 봐 사뭇 노심초사했다. 3개월간 중환자실 신세를 질 만큼 위중했던 아버지가 병상을 털고 일어났을 때에는 산삼의 효험을 본 것 같아 기뻤지만, 그조차도 자연 섭리를 거슬러 고통을 겪을까 봐 은근히 염려했던 것이다.

그러나 4년 후에 마지막 호흡을 내쉴 때까지 아버지는 얼마나 삶에 대한 열망을 보여줬는지 모른다. 언어 중추가 마비되어 말씀하시지 못하게 된 건 뇌졸중의 초기 증상이었다. 이내 아무것도 삼키지 못하게 되어 음식물 투여는 고무관에 의지해야 했고 신경이 마비된 몸 곳곳에는 욕창이 침범했다. 그렇게 날마다 다가오는 죽음의 그림자와 사투를 벌이는 동안, 고인의 형형한 눈빛만큼은 최후까지 변하지 않았다.

그렇다면 아버지는 제때에 잘 돌아가신 걸까? 나의 산삼 때문에 제

때가 아니라 고통의 시간을 더 오래 감내해야 했던 건 아닐까?

기독교에서는 언제 죽는가가 중요한 게 아니고 죽은 후에 구원을 받느냐 아니냐에 더 주안점을 둔다고 한다. 그래서 기독교 신자들은 그들이 죽는 때가 모두 제때라고 생각하는 것 같다.

누구도 예외가 없어 '필멸의 존재'라 불리는 우리 인간에게 죽음의 정해진 때가 있는지 없는지는 이 또한 죽어 보지 않고는 말할 수 없으리라. 우리가 죽음을 미루고 싶어 하는 건 아마도 홀로 떠나는 길이 두려워 언제까지나 피하고 싶기 때문일 것이다. 그러나 아무리 오래 산들 이 삶의 길이에 만족하랴. 거꾸로 만일 죽지 못하는 삶이 있다면 그 또한 저주와 다를 바가 없을 것이다. 한정된 시간만 영위한다는 것이 어쩌면 우리에게 내려진 가장 큰 축복일지도 모른다.

아무리 보아도 죽어야 하는 때란 따로 정해진 것이 아니고, 단지 우리가 열심히 살아야 할 때만 있다는 생각이 든다.

얼마 전에 읽은 책에서 이런 생각에 부합하는 대목을 발견했다. 오노레 드 발자크의 『시골 의사』에서다. 어떤 농부가 아들을 잃고 남은 딸마저 앓아눕자 그에게 하소연한다.

"선생님이 치료해주고 계시지만 겁이 납니다. 제게서 모든 것을 빼앗아가기 위해 죽음이 이 집을 찾지 않았나 해서요." 그러자 시골 의사가 자상하게 다독인다.

"죽음은 어느 집에도 살지 않아요. 죽음에는 시기가 따로 없소. 용기를 잃지 마세요"라고.

작품 속의 의사는 낙후된 시골에서 환자에게 헌신하는 인물로서 존경할 점이 많다.

'고요와 그늘'을 추구하는 그 의사도 죽음에 대한 문제에 해답을 줄 순 없었으리라.

하지만 슬픔에 잠긴 농부에게 용기를 내라고 따뜻하게 위로하는 시골 의사가 유독 머릿속에 남아 오래 맴돈다.

# 타인의 고통

콘라드 죄르지『방문객』

언젠가부터 나는 귀를 반쯤 닫아놓고 사는 것 같다. 활짝 귀를 열면 세상 소리가 다 들려올까 봐 살짝 움츠리고 있는 것이다. 환자들은 저마다 고통을 토로하는데 혹여 내가 세세한 내막을 다 알게 되면 더 많이 도와줘야 할 일이 생길지도 몰라 심적으로 멀찍이 떨어져 상담하는 버릇이 생긴 것이다. 어제만 해도 그랬다. 팔순이 다 된 할머니가 밑이 빠지는 듯 아프다고 내원했다. 염증이 생긴 것이라는 내 설명을 듣고 아들, 며느리가 버리고 간 손자를 홀로 키우느라 과로했다고 혼잣말을 하는데 하마터면 자세한 내막을 물어볼 뻔했다. 왜 아이의 부모는 뿔뿔이 떠나갔는지, 아이는 몇 살이나 되었는지, 할머니는 혹시 리어카를 끌며 폐품을 모으는 지를……. 하지만 아무런 도움을 주지도 못할 거면서 꼬치꼬치 사연을 물을 수는 없었다. 하다못해 진찰비를 받지 않는 것, 그조차도 현행 의료 보험법에서는 위반이기 때문에 값싼 동정심을 가져서는 안 되는 일이다.

하지만 나는 타인의 고통을 방관하지 않고 고통 속으로 뛰어든 한 남자를 알고 있다. 바로 헝가리 작가 콘라드 죄르지의 소설『방문객』의 주인공 T다.

T는 부다페스트 시청 아동 복지과에 근무한다. 그는 온갖 민원인들의 상담을 담당한다. 그를 찾아오는 이들은 자살 미수자, 알코올 중독자, 이상 성욕자, 정신 이상자, 범죄자 등이다. T는 불행한 이들의 탄원과 하소연을 들어주지만 사회

에서 낙오된 최하층민의 문제점들을 어떻게 쉽사리 해결해줄 수 있겠는가. 그들의 고단한 삶은 불합리한 체제 탓도 있지만 개인의 무지와 빈곤의 소산인 것도 인정하지 않을 수가 없다. 엄연히 사회 보장 제도가 존재해도 상투적으로 응대할 뿐, 직접적인 도움을 주지 못하는 자신에 대해 T는 입안에 씹을 수도 없고 그렇다고 뱉을 수도 없는 주먹만 한 진흙 덩어리가 있는 심정이라 느낀다. 그는 10년 동안 아마 "자, 앉으세요"라는 말을 삼만 번도 더 되풀이했으리라 셈해 본다. 그를 찾아와 "제발 믿어 주세요. 전 정말 괴로워요", "이제는 도저히 견딜 수가 없습니다", "꼭 죽을 것만 같아요" 등의 말들을 비명처럼 내지르는 민원인들의 아픔을 건성으로 들을 수밖에 없는 자신을 돌아본다.

"정신과 의사는 전문가의 눈으로 정상인을 미치광이로 간주하고, 형사는 무고한 사람을 죄인으로 간주하고, 산역꾼은 건강한 사람이 죽음의 선고를 받은 것으로 간주한다. (중략) 내 서류에 등장하는 인물들은 어떻게 해서든 사건을 해결하려고 애쓰거나 결국은 그 과정에서 사라져버리거나 둘 중 하나지만 (중략) 내가 무엇을 할 수 있겠는가? 아무것도, 거의 아무것도 할 수 없다. 그저

가만히 지켜보고, 재난에서 교훈이나 이끌어내고, 실패를 기록할 뿐이다. (중략) 참는 자, 사건을 일으키는 자, 이해하지 못하는 자, 복수하는 자, 울부짖는 자, 몸을 떠는 자, 불행을 찾는 자 등 가지각색이다. 나는 무관심하고 평범한 조정자로서 계약을 존중하려 애쓰지만 때로는 상관들을 까맣게 잊는다."

그런 T 앞에 어찌할 도리가 없는 사건이 생긴다. 법학박사이자 정치학 박사인 반둘러 씨가 4살짜리 정신 지체아 페리케를 남겨놓고 부부 동반 음독자살을 한 것이다. 반둘러 씨는 전쟁 후에 일자리를 박탈당하고 술집에서 자작시나 팔며 술을 구걸하고 살았다. 태어날 때부터 숨구멍이 막혀 두뇌가 자라지 않는 페리케는 똥오줌도 가리지 못하고 침대 속에서 숨 쉬는 살덩어리에 불과하다. 피부가 약해 옷도 걸치지 못하는 페리케는 원숭이처럼 천진난만한 생물이 되어 고추를 만지작거리며 먹을 것을 달라고 소리를 지른다. 사람과 소통하지 못하는 아이는 침대에 묶어두지 않으면 거리를 뛰어다니며 동물보다도 더 다루기 어렵게 된다. 하루아침에 부모를 잃었건만 시설 보호소에서는 아이를 받아줄 자리가 없다. 어떤 곳은 때마침 전염병이 돌고 있다는 핑계를 대며 거절한다. 하는 수 없이 T는 손수 페리케를 돌보기 시작한다. 끼니마다 먹을 것으로 말고기 소시지를 주고, 어쩌다 갈비뼈를 문질러주면 쾌감으로 꺅꺅 소리를 지르는 아이 곁을 종일 지킨다. 직장에도 나갈 수 없게 되자 인형 눈을 붙이는 가내 수공업으로 우웃값을 벌충한다. T의 아내와 두 아이들이 찾아오지만 그렇다고 페리케를 집으로 데려갈 수 없다. 아내도 직장에 나가야 하고, 달리 페리케를 맡길 곳이라고는 없다. T는 이렇게 민원인의 처지가 되어 자신을 찾아오던 방문객 체험을 하게 된다.

아이의 오물을 치우며 희망 없는 시간을 보내는 동안 마침내 시청에서 후배 직원이 찾아온다. 아이를 보호 시설에 보내거나 T를 정신 병원에 수감하겠다는 것이다. 헝가리 공산 사회에서 정신 병동에 감금된다는 것이 얼마나 끔찍한 공포인지 잘 아는 T는 10년 전부터 상담해주던 매춘부 안나에게 페리케가 사는 방을 임대하는 조건으로 아이를 맡기고 근무에 복귀한다. 마지막은 이런 글로 장식한다.

"원하는 사람은 누구든지 다 오라! 우리 가운데 한 사람은 이야기할 것이고, 다른 사람은 귀 기울일 것이다. 우리는 적어도 쓸쓸히 혼자 있게 하지는 않을 것이다."

T의 흔쾌한 초대로 작품은 끝맺지만 책을 덮은 이후에 내 입속에는 씹을 수도 뱉을 수도 없는 진흙 덩어리가 있는 것 같은 느낌이 줄곧 이어진다. T는 공무원의 입장에서는 민원인들의 나약하고 게으르고 편협한 태도가 이해되지 않았지만, 정신 지체아의 보호자로서 민원인의 입장이 되자 비로소 법규의 획일성과 관료주의의 차가운 경직성을 경험하게 된 것이다.

서로 다른 입장으로 살아야 하는 우리네 삶의 부조리를 극명하게 보여주는 것이 소설『방문객』이다. 읽는 내내 인간에 대한 연민이 부쩍 커졌으며 동시에 부끄러움도 와락 느꼈다. 나는 타인의 고통을 받아들이려 애쓰기는 했던가? 희망이라고는 없는 장애아를 돌보기 위해 가정과 직장을 버리고 나온 T처럼 한순간이라도 이타적인 결심을 해본 적이 있던가? 물론 '한 사람에게 모든 것을 줘버리면 나머지 사람에게는 아무것도 돌아가지 않는다'라는 T의 후배 말처럼 경제 논리만 따른다면 T의 행동은 미친 것처럼 보일 수도 있을 것이다. 우리가 살면서 남을 위해 얼마나 큰일을 해낼 수 있으랴마는, 다만 타인의 고통을 나누어야 한다는 마음가짐만으로도 생이 한결 아름다울 수 있으리라 믿어본다.

# 병마와 악마

파블로 네루다『질문의 책』

의학을 공부하면서 궁금한 것 중에 하나는 왜 인류에게 질병이 점점 많아지는가 하는 점이었다. 날로 과학이 발달하고 의학도 덩달아 진보하고 의사의 숫자는 기하급수적으로 많아지는데 돌아보면 주변에 아프지 않은 사람이 없기에 하는 말이다. 어디서 듣도 보도 못한 희귀한 이름의 질병과 생소한 치료법이 나날이 새롭게 등장하는 것 같다. 진료실에서 바라보면 병마와 싸우느라 돈과 정신력과 체력을 모두 소비하는 사람 일색이다. 아프기 위해 세상에 태어난 건 아닐 텐데…….

이런 내 의문점을 털어놓자 어느 교수님이 웃으며 반박했다. 인구수와 인간 수명이 늘어나 언뜻 질병이 많아 보이는 것일 뿐이지 오히려 사라지고 극복된 질병이 더 많단다. 예를 들면 얼굴에다 곰보 자국을 남겼던 고약한 천연두는 잊힌 이름이 되었고 소아마비처럼 불행한 불구를 초래하던 전염병도 자취를 감추었으며 페스트도 역사에서 없어진 지 오래라는 것이다. 거기에다 진단 기술이 좋아진 나머지 질병이 초기부터 잘 드러나 보이는 것일 뿐이라고 했다. 과거에는 무슨 병인지도 모른 채 그저 아파서 죽었다고 말하곤 했지만, 오늘날에는 원인과 증상과 과정이 다 밝혀져 병마의 몸짓이 더 거대해 보인다는 것이다. 필멸의 인간에게는 예나 지금이나 비슷한 정도로 질병의 위험이 도사리고 있는 것이라고…….

이와 비슷한 궁금증은 신문 사회면을 들여다볼 때 다시 떠오른다. 인류는 점점 진보하는데 왜 점점 범죄가 많아지는가? 교육 대상이 제도적으로 늘어나고 종교도 더 널리 퍼졌는데 왜 인간에게는 더욱 악랄한 수법의 범죄가 횡행하는 것일까? 이 또한 범죄 자체가 많아지는 게 아니라 수사 기술과 언론이 발달해서 사건이 빨리 파악되고 우리에게 잘 알려지기 때문일까? 전염병이 돌 듯 모방 범죄가 자꾸 늘어났기 때문일까? 오늘도 차마 눈뜨고 읽기 어려운 사건들이 지면을 채우고 있다. 군대에서 학교에서 가정에서 괴롭힘과 강탈, 폭행과 살인 행위가 이어진다.

그런데 이 지독한 악행들은 구태여 신문을 읽지 않아도 진료실에 앉아서도 느낄 수가 있다. 얼마 전에 이웃 소아과 의사에게서 끔찍한 이야기를 들었다. 아홉 살 꼬마가 급성 방광염으로 내원했단다. 방광염이야 남녀노소 누구에게나 생기는 병이라 대수롭지 않게 여겼는데 나중에야 아이에게 성폭행 사실이 있었던 걸 알게 되었단다. 그것도 아이가 다니는 학원의 외국인 강사에게 당했다니 이 얼마나 천인공노할 일인가 말이다.

나도 이런 엄청난 일을 겪은 아이를 직접 진료한 적이 있었다. 외음부가 가렵고 아프다며 엄마 손에 이끌려 병원에 왔는데 세균 검사 결과 임질로 판명되었다. 그리고 이 불결한

세균은 새아버지에게서 옮아온 것이 드러났다. 불과 초등학교 1학년 여덟 살 꼬마인데…….

우리에게 '인면수심(人面獸心)'이라거나 '짐승만도 못하다'라는 표현이 있지만 그보다 훨씬 더 지독하게 나쁜 사람이 있다는 걸 느낄 때가 있다. 틀림없이 이 세상에는 악마가 있고 그 악마의 지배를 받는 사람들이 있을 것이다.

악마에 씐 대표적인 인물로 히틀러를 손꼽곤 한다. 그가 인간이고 우리도 인간이라는 게 믿기지 않게 만든 그 사람. 인류에게 어마어마한 빚을 진 사람. 역사에 새빨간 오점을 남긴 사람. 오늘은 파블로 네루다의 시집『질문의 책』에서 히틀러에 대한 시를 보았다.

히틀러는 지옥에서
어떤 강제 노동을 할까?

그림을 벽에다 그릴까? 시체에다 그릴까?
그가 죽인 사람들의 냄새를 맡을까?

자신이 태워 죽인 수많은 아이들의
재를 먹고 있을까?

아니면 죽은 이래로
깔때기로 피를 받아 마실까?

아니면 뽑아낸 금이빨들을
입에다 망치질 당하고 있을까?

그래, 화가였던 히틀러는 지옥에서 필경 시체에다 그림을 그리고 있을 게다. 그리고 치클론 가스로 죽인 희생자들의 냄새를 맡을 수밖에 없겠지. 수없이 불태워 죽인 아이들의 재를 먹어야 하고 살해한 자들의 피를 깔때기로 받아 마시며 연명하겠지. 그리고 지옥에서 히틀러는 유대인에게서 뽑아낸 금이빨들을 그 입에다 두들겨 박히고 있을 것이다.

기발한 네루다의 시에 공감하며 지옥이 있다고 상상하니 기분이 한결 나아진다. 선악의 결과가 당장에 드러나지 않아 어쩐지 우리 사회에서 착한 사람은 고생만 하고 악한 사람은 훨씬 잘사는 것처럼 보이곤 하던데 사후에 지옥에서 악을 징벌한다니 얼마나 다행이냐 말이다. 그렇다면 악마는 지옥에서 벌한다고 치고 우리 의사들은 병마를 처치하기 위해 더욱 일선에서 분발해야겠다.

# 나의 우상 숭배

마르셀 프루스트『잃어버린 시간을 찾아서』

한 환자가 산야초 효소라며 불그레한 액체가 담긴 유리병을 주었다. 보리수 열매로 담근 것이라 기침이나 천식에 좋다고 했다. 나는 순간 두 귀가 번쩍 뜨였다. 보리수라니? 그러면 보리수나무가 내 주변에 있다는 말인가?

'성문 앞 우물곁에 서있는 보리수'로 시작하는 슈베르트의 가곡을 들을 때마다 보리수가 어떤 나무일지 궁금했었다. 부처가 대오 각성한 곳이 보리수나무 아래였다고 하니 어마어마하게 크고도 특별한 나무일 것 같았지만 굳이 찾아 나설 생각까지는 하지 못했다. 한편 마르셀 프루스트의『잃어버린 시간을 찾아서』에 보리수 꽃잎 차가 나오는데 거기에 적셔 먹는 마들렌 한 조각이 마르셀의 지나간 기억을 되찾게 만들었다고 하니 그 맛이 궁금하기도 할뿐더러 나 또한 어떻게 해서든 그 차를 꼭 마셔보고 싶었다.

나는 보리수라는 말을 와락 반기며 대체 어디에 그 나무가 있느냐고 물었다. 환자는 대수롭지 않게 양평에 있는 주말농장에 가면 집집마다 한두 그루씩 있다고 답했다. 그 가을부터 다시 꽃이 피는 봄까지 나는 오로지 보리수나무에만 연연하고 살았다고 해도 과언이 아니었다. 봄이 오면 마르셀 프루스트처럼 보리수 꽃잎 차를 마실 수 있겠지. 그 차를 마시면 잃어버린 시간을 모두 되찾을 수 있으려나?

이윽고 봄이 당도했을 때는 혹여 나 모르는 사이에 꽃이 질까 봐, 또 비라도 내리는 밤에는 꽃이 다 떨어질까 봐 잠까지 설치다가 봄이 막바지에 오른 어느 일요일에 양평으로 갔다. 커다란 자루를 지고 그보다 더 큰 설렘을 안고서…….

이렇게 만난 보리수나무는 여느 관목에 지나지 않는 평범한 모양새였다. 어릴 적 마당에 서있던 앵두나무와 다를 바가 없었지만 가지마다 수북한 노란 꽃이 은은한 향기를 내뿜고 있었다. 나뭇가지를 잡고 올라가 꽃을 따자니 마치 허공에 매달려 별을 따는 기분이 들었다. 꽃잎을 한가득 모았더니 진딧물과 벌들이 극성스레 몰려들었다. 벌레를 물리치기 위해 그 위에 망사를 덮고 쉼 없이 부채질을 했다. 소복이 채취한 꽃잎들을 한나절 햇볕에 말린 후에 뭉근한 불 위에서 바삭바삭 덖었다. 그렇게 살균 과정을 마치고 탄생한 보리수 꽃잎 차를 비로소 음미하기 시작했다. 그냥 잘 우려낸 숭늉이라고나 할까? 부드럽고 은근하다는 느낌 외에 그 밍밍한 맛에는 딱히 특징이라고는 없었다. 보리차라고 해도 옥수수 차라고 해도 모두 그냥 믿을 것 같았다.

하지만 나는 보리수 꽃잎 차를 직접 만들었다는 기쁨에 유리병 한가득 담아 사람들에게 자랑하기 시작했다. 더욱이 문학을 사랑하는 사람들을 만나면 한 잔씩 대접하며 마르셀 프루스트가 기억을 되찾는 데 공헌한 차가 바로 이것이라고 너스레를 떨었다. 그러면 별다른 맛이 없음에 딱히 표현할 말을 찾지 못한 그들도 맛이 독특하다고 얼버무리곤 했다. 이 싱거운 차를 프루스트는 무어라고 표현했는지 궁금해진 나는 다시 책을 열어보고는 심각한 고민에 빠졌다. 내가 수확한 보리수꽃은 4개의 꽃잎이 있고 뿔 나팔 모양으로 생겼는데 프루스트가 묘

사한 보리수꽃은 빗자루나 수숫단처럼 꽃술이 주렁주렁 매달려있다는 게 아닌가?

차 맛은 고사하고 일단 생김새가 다르다는 게 충격이었다. 그렇다면 프루스트는 무엇을 마신 것일까? 원서에 적힌 보리수 꽃잎 차는 티얼(Tilleul)이었다. 그 보리수는 열대성 활엽수로 위도상 북쪽에 있는 우리나라에서는 자랄 수 없는 그런 수종이다. 그러니까 내가 만난 나무는 보리수가 아니라 피나뭇과의 보리자나무로 왕보리수, 보리장나무, 파리똥나무라고도 불리는 전혀 다른 나무였던 것이다. 그러고 보니 양평의 보리수는 파리가 똥을 눈 것처럼 나뭇잎에도 열매에도 수많은 반점이 찍혀있었다.

실망에 실망을 더한 나는 티얼을 구입하기로 했다. 국내에는 시판되지 않지만 인터넷을 통하면 사지 못할 것이 없었다. 주문한 지 3주가 지나 홍차처럼 팩에 담긴 보리수 꽃잎 차가 도착했다. 이 또한 그저 향긋한 차일 뿐이지 기억을 되살리기에는 역부족이었다. 차 한 잔을 마시려고 이렇게까지 유난을 떨 필요는 없었는데. 그런 반성을 하다 보니 새로운 생각이 찾아왔다. 우상 숭배에 대하여…….

우상 숭배라는 말은 영국의 비평가 존 러스킨이 『아미

앵의 성서』에서 언급했다. 러스킨의 글을 프랑스어로 번역한 프루스트는 우상 숭배라는 개념에 특별한 관심을 가졌다. 즉 현실 세계에서 어떤 사물이나 대상이 아름답게 느껴지는 이유가 그것이 과거에 위대한 예술 작품 속에서 표현되었기 때문인 경우가 있는데 그는 이것을 우상 숭배의 한 유형이라고 보았다. 예를 들어 한 친구가 무늬가 멋진 새 옷을 사 입었다고 치자. 그 옷이 유난히 아름다워 보이는 이유가 명화 속의 어떤 무늬와 비슷하기 때문이라면 그것이 바로 우상 숭배라는 것이다. 우리는 흔히 모나리자의 미소와 닮았기 때문에 더욱 아름답다고 말하곤 하지 않던가.

결론적으로 나는 프루스트와 슈베르트에 대한 우상 숭배로 보리수나무를 무작정 흠모하고 보리수 꽃

잎 차를 찬양했던 것이었다. 왜 그렇게 다른 이의 작품 속에 나오는 소품까지도 선망하게 되는 것일까? 이제는 나의 시선으로 나의 주관으로 세상을 판단해도 될 텐데 말이다.

앞으로는 보리수 꽃잎 차뿐 아니라 헤밍웨이가 자주 마셨다는 그라빠를 봐도 레마르크 소설에 나오는 칼바도스를 봐도 눈썹 하나 까딱하지 않을 작정이다.

# 앎을 알기

스타니스와프 렘『사이버리아드』

예컨대 하루에 내 진료실을 찾아오는 환자가 50명이라고 치자. 그러면 그 50명에게 나는 똑같은 에너지를 할애하여 진료하는 것일까? 그건 결코 아닐 것이다. 환자마다 질병의 경중이 다르고 치료의 난이도가 다르기 때문에 보살핌의 정도는 제각각일 것이다. 의당 많이 아픈 환자에게 의사의 관심이 더 쏠리기 마련이지만 실제로 내 에너지를 가장 많이 가져가는 환자는 내게 불만을 품고 있거나 공연한 질문을 자꾸 하는 사람이다.

오늘만 해도 그랬다. 방광염을 가끔 앓는다는 중년 여성이 왔다. 그녀는 가방에서 주섬주섬 검사 결과지를 몇 장 꺼내 보였다. 가까운 내과의 소변 검사 소견서였다. 3

일 전에 소변에서 검출된 백혈구 수가 5~8개였기 때문에 항생제 치료를 받았고 그 결과 2일 전에는 그 수가 3~5개로 낮아졌는데 오늘 검사에서 다시 5~8개로 상승했다며 환자는 이맛살을 잔뜩 찌푸렸다. 몹쓸 병이라도 걸린 듯 자못 심각한 표정이었다. 내가 보기에는 5~8개나 3~5개나 다를 바가 없었다. 예를 들어 그걸 집안에 기어다니는 개미 숫자로 대체해 보자. 개미가 아예 없는 게 정상이라면 한 마리가 있는 것과 여덟 마리가 있는 것 그리고 세 마리가 있는 것이 뭐 그리 다르다는 말인가?

환자가 안고 온 근심을 척결해 주기 위해 나는 방광염에 대해 온갖 설명을 하기 시작했다. 요즘 같은 여름날에 땀을 많이 흘려 몸속 수분의 양이 부족해지면 쉽게 방광염에 걸린다는 것, 그러므로 물만 많이 마셔도 예방이 된다는 것, 소변을 참는 습관이 나쁘다는 것, 비데와 같은 문명의 이기가 방광염을 더 잘 야기한다는 것 등등을 알려주었다. 급성 방광염의 경우 백혈구 수치가 5~8 정도가 아니라 헤아릴 수 없을 만큼 올라가고 심지어 혈뇨까지 동반된다는 것도 말해주었다. 그러나 환자는 고개를 삐딱하게 젖히고 내게 눈길을 사선으로 던지면서 그런 건다 아노라고 대꾸했다. 인터넷을 찾아서 숙지한 사항이고 자신은 방광염이 오래되면 방광암으로 발전한다는 구절을 보았기 때문에 겁이 와락 난다는 것이었다.

아, 이 환자가 애초에 문맹이었더라면 차라리 좋았을 텐데. 왜 인터넷을 뒤져봐서 걱정을 사서 한다는 말인가? 사실 방광염에 걸리면 적어도 5일 이상 항생제 치료를 해야 완치가 되는데 치료 중에 매일매일 소변 검사를 했다는 내과도 미심쩍게 생각되었다. 알고 보니 환자 본인이 날마다 검사해달라고 요구했다는 것이었다.

비단 이 환자뿐 아니라 요즘은 인터넷으로 질병에 대한 정보를 쉽게 알 수가 있기에 오만 가지 지식을 담아가지고 와 물어보는 이들이 많다. 피임약에 대한 오해라든가, 자궁암 예방 백신의 부작용, 갱년기 치료제의 득과 실 등등이 주류를 이루는데 간혹 터무니없는 소리를 하는 사람들이 있어 실소를 자아내게 만든다. 예를 들어 사후 피임약을 복용했음에도 불구하고 임신이 되었다면 그 아이는 정자와 난자 단계에서 역경을 극복했으므로 영웅이 될 것이라는 견해라든가 잠자리를 가진 후 여성이 오른쪽으로 누우면 아들이 수태되고 반대로 왼쪽으로 누우면 딸이 생긴다는 속설 따위가 바로 그것이다. 풍문으로 들은 내용, 막연한 지식, 비전문가의 견해 등등이 이들 환자의 생각을 좌우하곤 하는데 이렇게 우리가 가진 지식이 얼마나 공허한가에 대해 재미있게 쓴 소설이 있다. 폴란드 출신으로 의과 대학을 졸업한 스타니스와프 렘의 『사이버리아드』이다. 『사이버리아드』는 '로봇의 일리아드'라는 뜻이니만큼 주인공 트루를과 클라포시우스 두 전지전능한 로봇이 우주를 누비며 세상을 보여주는 내용이다. 그중에 우주 해적 퍼그를 만나보자. 한 번은 트루를이 'PHT 해적'이라는 무시무시한 우주 강도에 대한 정보를 입수하고 그를 만나러 가는 모험을 감행한다. 우주 가운데에서도 '고물 쌓는 곳'에 위치한 쓰레기 더미 속에 살고 있는 그 해적은 70척이 넘는 거구에다 몰골은 말할 수 없이 끔찍했다. 위아래뿐 아니라 모든 방향으로 눈이 불

룩 튀어나왔고, 코는 톱이고, 강철 갈고리가 턱 역할을 했다. 그는 눈들만 앞뒤로 쏜살같이 굴리며 포획물의 가치를 탐욕스럽게 조사했다. 그가 이렇게 말한다.

"금이나 은 같은 것은 내게 아무 소용이 없다. 나는 박사 학위(Ph.D.)가 있는 해적이다. 내 이름은 퍼그다. 내가 강탈한다는 것은 사실이지만, 나는 현대적이고 과학적인 방식으로 강탈한다. 왜냐하면 나는 귀중한 사실, 진짜 사실, 값을 헤아릴 수 없는 지식을 수집하고, 값어치 있는 정보라면 뭐든 마다하지 않으니까. 그러니 이제 그런 것들을 내놓아라."

그러니까 PHT라는 해적은 박사 학위인 Ph.D.가 있다고 주장하기 때문에 붙여진 이름인 것이었다. 오늘날 우리나라에도 외국 박사 학위를 가지고도 취직 못 하는 사람이 많다고 하므로 학력의 허망함을 말하기 위해 이런 이름을 붙인 것 같다. 그 해적은 '범죄자 아카데미' 따위에서 공부한 것이 틀림없다. 그는 악취가 풍기는 쓰레기 더미 가운데 살며 풍부한 정보 자료를 모으고 있었다.

트루를과 클라포시우스가 탄 우주선이 해적의 쓰레기 더미 가운데 좌초되었으므로 어쨌거나 박사 해적의 요구를 들어주어야 했다. 그래서 다재다능한 트루를은 2

종 악마를 만들어준다. 이 악마는 메타 정보 처리자로서 놀라운 완벽성을 보여주므로 밀폐된 상자 안에 앉아서 헛소리는 전부 안에 가둬두고 중요한 정보만 내보낸다는 것이다. 즉 '맥스웰의 1종 악마'에서 더 진화시킨 모델인 것이다. 악마는 원자 한 무리가 우연히 의미 있는 방식으로 배열될 때마다, 그 의미를 낚아채 즉각 종이테이프에 특제 다이아몬드 펜으로 기록한다. 악마는 우주 자체가 멸망할 그 날까지 밤낮으로 게다가 1초에 1조 비트의 속력으로 일할 터이므로 종이테이프를 계속 공급하기만 하면 영원히 새로운 지식을 해적에게 제공할 수 있게 된다.

이렇게 해서 트루를과 클라포시우스는 박사 해적에게 2종 악마를 안겨주고 우주 공간으로 무사히 빠져나간다. 그러면 2종 악마가 해적에게 제공하는 지식의 내용을 보자.

"할레바도니아의 꿈틀이들이 얼마나 정확히 꿈틀거렸는지, 라본디아의 페트롤리우스 왕의 딸이 험피넬라라고 이름 지어진 사연이 무엇인지, 창백 얼굴 왕 중 한 명인 프레델릭 2세가 그웬돌리스에게 전쟁을 포고하기 전에 점심으로 무엇을 먹었는지, 테르미놀리움이라는 원자가 존재한다면 그 원자 한 개의 전자껍질이 몇 개일지, 걸어 다니는 마르지판 과자들이 신성한 항아리에 그렸던 '엄청난 조소'라는 새의 총배설강의 직경은 얼마인지, 다중 투명 털가죽 위의 대양의 습지가 내는 세 가지 맛은 어떤지, 하층 불량 사냥꾼들을 새벽마다 울긋불긋하게 두들겨 패며 일어나는 디벌릭 꽃은 어떻게 생겼는지, 불규칙 20면체의 밑각의 각도를 얻는 방법은 무엇인지, 구푸스의 보석 상인은 누구인지, 보반트의 왼손잡이 푸주한은 누구인지, 마리노티카에서 7만 년간 발행된 우표의 권수는 얼마인지, 음주 발작을 일으킨 어느 클래먼드인이 침대에 못 박은 붉은 발가락 사이 브린다의 무덤은 어디 있는지, 마총그와 나총그를 구별하는 법은 무엇인지, 또 우주에서 가장 작은 장대풀용 낫은 누구에게 있는지, 왜 공작벼룩은 이끼를 먹지 않는지, 수건돌리기 놀이를 하는 법과 이기는 법은 무엇인지, 아브로퀴안 필미니데스가 백발의 바람잡이 계곡에서 8마일 떨어진 알본긴 대로를 비틀거리며 걸어가다가 밟은 똥 덩어리 속에 몇 개의 금어초가 있었는지……."

읽다 보면 어이없기 그지없는 이 내용들은 박사 해적을 위해 2종 악마가 열거하는 지식들이다. 명백히 지식의 일종이기는 하지만 저런 것들을 안다 한들 무슨 도움이 되랴.

마찬가지로 나를 찾아오는 환자들을 분류해보면 지식이 적은 사람일수록 의사에게 전적으로 의지하기 때문에 제일 잘 낫는다. 그 다음으로는 지식이 아주 많아서 의학을 잘 아는 경우 이해시키거나 치료하는 것이 쉽다. 그런데 이도 저도 아닌 경우, 대충 알고 정확히는 모르는 환자들은 치료하는 데 힘이 들기 마련이다. 일부분만 알기 때문에 의심과 질문이 많아지고 잘못 알기 때문에 설명을 곱으로 해야 하는 것이다.

그렇다면 지식이란 삶을 영위하는 데 도움이 되는 것이 아니라 방해가 될 때도 있는 것이 아닐까? 병에 대해 허황된 정보로 가득 찬 사람들을 진료하는 데 곤혹스러움을 느끼는 나는 나 또한 쓸데없는 지식으로 삶을 탕진하고 있는 것이 아닐까 적이 염려스럽다.

# 3

# 적 앞에 선 의사의 선택

반 쪼가리 의사, 반 쪼가리 환자

적 앞에 선 의사의 선택

비탄이 불러온 마음속 깊은 병

현명한 의사

세상에 오로지 나쁘기만 한 일

문학의 모험가 드니 디드로에게 보내는 서한

그림자들의 나라

선택된 인간

독서 예찬

두 번째 홍역

왕관을 쓴 아이

# 반쪼가리 의사, 반쪼가리 환자

## 이탈로 칼비노 『반 쪼가리 자작』

"글쎄, 내 얼굴 좀 제대로 보라니까요."

일주일 전 이마에 보톡스 주사를 놔주었던 환자다. 그녀는 나를 잡아먹을 듯이 노려본다. 기재된 주민 등록 번호로는 내 딸내미뻘이건만 내게 호령하는 솜씨는 우리 시어머니를 능가한다.

그녀의 얼굴을 자세히 보았지만 내 눈에는 이상한 점이 띄지 않는다. 젊고 싱싱한 아름다운 외모에 반짝반짝 빛나는 피부가 눈부시다. 직업이 모델이라는 그녀는 전에도 다른 병원에서 수차례 보톡스 시술을 받았단다. 하지만 이번만큼 결과가 불만족스러운 적은 없었다는 것이다.

"눈꼬리가 사납게 치켜 올라간 게 살쾡이 같단 말이에요."

앙칼지게 쏘아붙이는 그녀 앞에 나는 변명할 말을 찾지 못한다.

내가 대꾸를 안 하니까 그녀는 더욱 약이 오르나 보다.

보톡스 시술에 손을 댄 지도 어언 5년이 넘었다. 새삼스럽게 미용에 관련된 진료까지 한다는 게 선뜻 내키지 않아 결정하지 못하고 미적거리는 내게 제약 회사 영업 사원은 마치 도끼로 나무를 찍듯 여러 차례 권했다. 산부인과에 오는 이들은 모두 여성이므로 미용 시술까지 하면 환자들이 무척 편리할 것이라는 이유에서였다. 다른 산부인과에서는 시술을 시작한 지 오래라며……. 그러나 정작 보톡스를 취급하게 된 이유는 제약 회사의 홍보 때문이 아니라 다른 데에 있었다.

그 당시 나는 어느 수필 잡지의 편집 위원을 맡고 있었는데 내 임무는 좋은 원고를 받아오는 것이었다. 원고 청탁이 쉬운 일이 아니라 다달이 전전긍긍해야 했다. 한 번은 연세가 많은 교수님의 원고를 넘겨받는 날이었는데 그분은 찻집에서 만난 30분 내내 내 눈앞에서 자신의 글을 고치고 또 고쳤다. 그러더니 급기야 참고 문헌을 다시 찾아봐야겠다고 도로 가져가 버렸다. 원고는 다음 날 건네받았지만 그때의 교수님 모습이 몹시 인상적이었다. 거의 충격에 가까웠다. 내 생각에 학문적으로 상당한 위업을 이룬 그런 분이라면 대강 끄적거려도 대단한 작품이 나올 것 같은데 마지막 순간까지 퇴고하고 또 하는 게 아닌가? 그때 나도 안일하게 아는 것만 진료할 게 아니라 내가 할 수 있는 한 최선을 다해야 한다는 생각이 들었다.

그래서 보톡스 주사제를 잔뜩 구입하였다.

시술에 대한 두려움을 없애기 위해 구순을 맞은 친정어머니를 비롯하여 주름 많은 주변 사람들에게 무료 시술을 해주다가 마침내 내 얼굴에 스스로 주사할 정도로 능숙해졌다. 휴일에는 미용학회에 등록해 최신 지견을 배우고 유명 의사의 숙련된 솜씨가 담긴 동영상을 얻어다 보고, 또 미적 감각을 높이기 위해 미술관 관람도 다니는 등 나름대로 애를 많이 썼다.

보톡스처럼 신기한 약물도 드물다. 이것은 통조림이나 상한 고기에서 발생하는 세균 클로스트리움 보툴리눔(Clostridium Botulinum)의 독소로 만들어졌다. 보툴리눔의 어원도 라틴어로 검은 소시지라는 뜻의 보툴루스(Botulus)에서 연유했단다. 이 독소는 운동 신경 말단에 작용하여 신경 전달 물질 아세틸콜린의 분비를 억제한다. 그 결과 일시적으로 근육 마비를 일으키는데 이 효과를 응용한 제품이 보톡스다. 만일 혈관이나 근육에다 주입하면 치사제가 되는 위험한 독소지만, 극소량만 이용하여 다양한 미용 또는 치료 효과를 얻고 있는 것이다. 대표적으로 사시나 사경, 안검 떨림 등의 치료에 쓰이고, 미용 목적으로 더 널리 활용되고 있다. 미세한 주름을 다림질처럼 좍좍 펴지게 하는 효과도 놀랍고 사각턱으로 각진 얼굴이 달걀처럼 갸름해지는 변화도 극적이다. 물론 5~6개월이면 약효가 없어지므로 다시 투여해야 하는 불편함이 있지만 어쩌면 영구적이지 않다는 게 더 큰 매력인지도 모른다.

지금 내 눈앞에서 불만을 토로하는 환자도 한 달 안에 그 불만이 사라질 것이 틀림없다. 그런데도 그녀는 본래 양처럼 온순했던 얼굴이 나 때문에 야수처럼 거칠게 변모했다며 그 사실을 인정하라고 다그친다. 들고 있던 손거울로 삿대질하기에 이른다. 한때는 두 눈을 감고 내게 온전히 얼굴을 맡겼으면서 대체 그때의 믿음은 어디로 갔다는 말인가?

그녀에 의하면 나는 무식한 돌팔이란다. 지난번에 시술받았던 성형외과에서는 보톡스란 인상을 변하게 하기 때문에 각별히 조심해야 한다며 어머니가 비단에다 수를 놓듯 한 땀 한 땀 아주 소량을 놔주었는데 나의 주삿바늘은 재봉틀처럼 과격하게 이마 위를 질주하더라는 것이다. 아플까 봐 시간을 끌지 않고 재빨리 놔준 나의 속내도 알아주지 않은 채 그녀는 계속 닦달한다.

"어쩔 거예요? 어떻게 책임질래요?"

언제나 감사합니다, 수고하셨습니다와 같은 인사에만 젖어있던 내가 거센 항의 앞에 말문을 잃은 것이 딱했던지 곁에 있던 간호사가 참다못해 말을 거든다. 우리 병원에서는 좋은 원료의 제품을 아낌없이 많이 투여했기 때문에 극대 효과가 나타난 거라고.

그런 변명으로 무마하기에는 아가씨의 태도는 곧 터질 풍선처럼 위태롭게 보인다.

내 묵묵부답 앞에 때를 놓치지 않고 상대는 공격한다.

"시술비를 당장 돌려주세요."

그랬구나. 자분자분 이야기해도 얼마든지 알아들었을 텐데 다짜고짜 진료실에 들어와 심하게 나를 몰아세우는 이유가 돈을 돌려받으려는 목적이었구나. 안 그러면 손거울로 한 대 때릴 태세이므로 나는 얼른 고개를 주억거린다. 미안하다고, 일부러 그런 게 아니라고, 덕분에 좋은 경험이 되었다며 접수대에서 환불해 가라고 간신히 말을 잇는다.

이렇게까지 양보했으면 내 마음이 변하기 전에 돈이나 받아갈 것이지 그녀는 내 책상 위의 책을 집어 던지며 남은 악다구니를 마저 퍼붓는다.

"내 그럴 줄 알았어. 무슨 의사가 맨날 소설만 읽는대?"

그녀의 손에서 내팽개쳐진 나의 불쌍한 책은 이탈로 칼비노의 『반 쪼가리 자작』이다.

이 또한 우연일까? 거기에도 진료는 뒷전인 채 도깨비불만 연구하는 의사 트렐로니가 나오던데…….

그래, 그녀에게 내가 실력 없는 반 쪼가리 의사라면 그녀는 의사의 의욕을 앗아가는 반 쪼가리 환자다.

# 적 앞에 선 의사의 선택

## 카렐 차페크 「하얀 역병」

만일 IS 무장 단체가 국내에 잠입해 우리 병원 건물에서 테러를 일으키다 다쳐 내게 치료받아야 하는 일이 생겼다고 가정해보자. 예를 들어 그가 생명의 위협을 받을 만큼 극심한 출혈에 시달리고 있어 내게 도움을 청한다고 한다면 그럴 때 나는 어떤 판단을 내리고 어떻게 행동할까?

히포크라테스 선서에 의하면 생명의 존엄을 최우선으로 여겨 적군과 아군을 가리지 않고 치료하는 것이 의사의 본분이라고 했다. 과연 그럴까?

간혹 중국 무협지를 보면 아버지 혹은 스승의 원수를 갚기 위해 자신의 온 삶을 바치는 사람들이 나온다. 복수 그 하나만을 목적으로 무술을 연마하고 칼을 가는 사람들 말이다. 그런데 만일 그 주인공의 직업이 의사라면 어찌할 것인가? 그는 원수를 만나도 죽일 수 가 없을 테니 그에게 복수란 없는 셈이다. 아예 원한도 적도 없는 셈이다.

이렇게 의사란 치료와 이념 사이에서 무엇을 선택해야 할지 갈등을 겪지 않을 수 없다. 일례로 수년 전에 의약 분업 시행령을 앞두고 의사들이 반발했을 때 그 법안을 강행했던 국회 의원은 아파도 병원에 못 간다고 속내를 털어놓았다. 십수 년이 지난 지금도 치료를 마음 편히 받지 못한다고 들었다. 의사들에게 미움받아 문전박대를 당했고, 또 의사가 해코지할까 봐 병원 출입을 꺼린다는 것이다.

그러면 의사의 대의란 무엇일지 체코 작가 카렐 차페크의「하얀 역병」을 읽으며 생각해보았다.

어느 날 나라 안에 문둥병이 발생한다. 피부에 하얀 반점이 생겼다가 대리석처럼 단단해지는 병이다. 그런 다음 그 부분은 썩어 문드러지며 악취를 풍기다 환자를 패혈증으로 사망하게 한다. 의사들은 이를 '베이징 나병'이라고 부르다가 '백색 바이러스'로 바꾸고, 다시 '쳉 바이러스'라 이름 짓지만 도무지 치료 방법을 알지 못한다. 고도의 전염성을 가졌으나 오직 45세 이상의 어른들만 감염된다는 특징이 있다. 3년 동안 2천만 명의 환자가 발생한 만큼 누구나 두려워하는 공포의 대상이다.

대학 병원의 저명한 시겔리우스 교수가 의료진을 대표하여 기자

회견을 열지만 숙명 앞에 체념해야 한다는 말밖에 달리 할 말이 없다. 이때 의사 갈렌이 나선다. 그는 특효 처방을 알고 있으나 한 가지 조건을 제시한다. 오직 돈 없는 환자만 치료한다는 것이다. 갈렌은 13병동에 수용된 가난한 환자들을 완치시켜 보인다.

시겔리우스는 갈렌의 치료를 자신과 대학 병원의 공이라고 거들먹거리며 갈렌에게 치료 방법을 공개하라고 압력을 가한다. 그러나 갈렌에게는 강한 소신이 있다. 그는 이렇게 말한다.

"나, 빈민의 의사 갈렌이 세계의 정부들, 왕과 통치자들에게 말합니다. 내가 의사로서 전장에 나섰으니 의사로서 또 다른 전쟁은 원치 않는다는 것을 공표하는 바입니다. 내 말을 듣지 않으면 하얀 역병에 의해 지구 상에서 싹쓸이되고 말 테니, 저들에게 내 치료제는 학살을 중단하겠다고 약속할 때까지는 절대 공표하지 않을 것입니다. 다른 누구도 내 치료법을 모릅니다. 그러나 전쟁에서 물러서겠다고 저들이 약속하기만 하면 내 백신을 넘기겠습니다."

이 나라의 총사령관은 한창 전쟁 준비 중이다. 그를 돕는 크루그 남작은 무기 생산 공장을 가지고 있다. 그런데 크루그 남작의 어깨에도 하얀 반점이 발생한다. 크루그 남작은 하얀 역병에 공포를 느끼며 갈렌을 찾아간다. 의사는 크루그를 알아보고 치료해주지 않는다. 그는 오직 가난한 사람만 치료하겠다고 약속했으므로…….

크루그 남작은 어마어마한 돈을 제시하며 치료해달라고 애걸한다.

의사는 협상한다. 남작에게 전쟁을 반대하는 평화 협상을 체결하라는 조건이다. 남작은 총사령관에게 가서 자신의 병을 치료하기 위해서 전쟁을 멈추어야 한다고 말한다. 남작을 동생처럼 아끼는 총사령관이지만 그럴 수는 없다. 그는 치료 방법을 알아내기 위해 갈렌을 잡아다 고문이라도 할 작정이다. 크루그 남작은 권총으로 자살하고 만다.

총사령관은 남작이 스스로 죽어 다행이라 여기며 마침내 전쟁을

일으킨다. 승승장구로 승전보가 들려오건만 아뿔싸, 총사령관의 몸에도 하얀 반점이 돋는다. 이제 그의 생명은 6주 정도만 남은 것이다. 총사령관은 갈렌에게 전화를 건다. 갈렌은 전쟁을 멈춘다면 치료해주겠노라 말한다. 전쟁보다야 자신의 생명이 더 소중한 총사령관은 의사의 말을 따르겠다고 한다. 갈렌은 왕진 가방을 들고 거리로 나선다. 그러나 총사령관에게 갈 수가 없다. 흥분한 군중들이 전쟁을 찬양하며 총사령관의 이름을 부르짖고 있다. 갈렌이 전쟁

은안 된다고 만류하자 군중은 의사를 짓밟아 버리고 행군한다. 그의 시신 곁에 놓인 왕진 가방을 보고 누군가 말한다. "어머, 의사가 죽었나 봐"라고. 그리고 막이 내린다.

이렇게 갈렌이 군중에 짓밟혀 죽어버렸기에 하얀 역병은 치료되지 못하고 지금도 여전히 전파되고 있으리라. 그나마 다행인 점은 총사령관이 역병에 걸렸으니 전쟁에는 승리하지 못했으리라는 점이다.

작가 차페크가 이 작품을 발표한 1937년은 나치가 세력을 장악한 때였으므로 총사령관은 두말할 나위 없이 히틀러를 지칭한 것으로 보인다.

히틀러가 병에 걸려 의사에게 도움을 청할 때 그 치료를 담보로 전쟁 도발을 막겠다는 시나리오가 처절하리만큼 가상하다. 그러나 세상일이 한두 사람의 노력으로 바뀌는 것일까? 흔히 역사에는 폭포 줄기와 같은 강한 흐름이 있다고 하므로 제국주의의 강한 분출을 의사 한 명이 막기에는 역부족이었을 것이다.

여기에서 갈렌이라는 이름은 129~199년까지 생존했던, 고대 로마 시대의 의사 갈레누스에서 따온 것이리라. 의사들의 큰 스승으로 일컬어지는 갈레누스는 그리스 의학을 집대성해 지금의 의학 체계를 세웠다. 해부학을 연구했으며 인체가 네 가지 체액으로 이루어졌다는 이론을 세운 학자이다. 갈레누스가 위대했듯이 작품 중의 갈렌은 빈민의 의사를 자처하고, 또 전쟁까지 막아보려고 안간힘을 쓰고 있다. 그런데 이게 현실에서 가능한 일일까? 차페크는 이런 작품으로 질문을 남겼지만 나는 아무리 적군이라도 치료해야 하는 사명감이 더 우선이라 배웠으니 어쩌면 좋을지 궁리 중이다. 부디 내 눈앞에 용서하기 어려운 자가 피 흘리며 나타나지 않기를 바랄 수밖에.

# 비탄이 불러온 마음속 깊은 병

윌리엄 셰익스피어『리어왕』

잿빛 머리카락을 헝클어뜨린 채 얼굴을 잔뜩 찌푸린 할머니가 진료실에 들어선다. 오랜만이다. 지난번에 다녀가신 이후로 반년은 더 지났을 것이다.

그 사이 시력도 나빠진 듯 자꾸 다른 쪽으로 가려 한다. 얼른 자리에서 일어나 할머니의 손을 잡아 내게로 이끌어 온다.

“잘 지내셨어요?” 물었지만 묵묵부답이다.

지난번에 할머니는 자신의 기막힌 처지를 낱낱이 알려주었다. 안타깝고도 가슴 아픈 그 사연을 듣느라 시간 가는 줄 몰랐다. 결국 대기 환자가 밀려 간호사가 가까스로 모시고 나갔던 기억이 되살아난다.

“어디가 불편해서 오셨어요?”

내 질문에 할머니는 뭐라 웅얼거리는데 알아들을 수가 없다.

알고 보니 입속이 모두 헐어있다. 마찬가지로 몸속 다른 곳도 궤양투성이다.

어떻게 이렇게까지 할머니의 몸이 만신창이가 되었을까? 올해 나이 일흔이면 요즘에는 노인도 아닌데 말이다.

전에 할머니가 들려주었던 이야기는 자식들의 괘씸한 작태였다. 기업체를 운영하던 남편과의 사이에 삼 형제를 두었는데 천하의 불효자식이라는 것이다. 특히 남편이 죽고 나서 자식들이 돌변했다고 했다. 그 많은 유산을 아들 셋이 죄다 빼돌리더니 집도 순식간에 날아갔단다. 아들들이 번갈아 찾아와 하도 통사정하기에 도장을 찍어준 것이 잘못이었다고 깊은 한숨을 내쉬었다. 그 후로는 아들, 며느리, 손주들까지 코빼기도 보지 못했단다. 어디론가 이민을 갔다는 소리만 들려왔다는데…….

할머니는 정부에서 나오는 극빈자 보조금으로 근근이 연명한단다. 형편이 어려운 건 견딜 수 있어도 자식들에게 받은 배신감에는 잠을 이룰 수 없다는 말을 할 때의 그 목소리는 마치 폐부에서 나오는 것처럼 처절했다.

"한 푼도 주지 말았어야 했어. 자식새끼들이 남보다도 못해."

중얼거리는 할머니의 넋두리를 듣고 있자니 세간에 떠도는 이야기가 생각났다. 우리 시대의 3대 바보 노인에 대한 정의였다. 손주들

때문에 스케줄이 바쁜 사람, 손주들 놀러 온다고 세간도 줄이지 않고 여전히 큰 집을 유지하고 사는 사람, 또 하나는 사망 후에 물려줘도 될 것을 미리 상속하고 나서 쓸 돈이 없는 사람이라고 했던가.

그러고 보니 이 문제는 일찍이 셰익스피어가『리어 왕』에서 언급했던 내용이다. 브리튼의 왕 리어는 80세가 넘자 세 딸에게 유산 배분을 결심한다. 왕은 효심에 따라 영토와 통치권을 나눠주려고 딸들에게 아버지를 얼마나 사랑하는지 묻는다. 큰딸과 둘째 딸은 입에 발린 소리로 자신들의 애정을 부풀려 말하는 반면 막내딸은 진솔하고 담담하게 대답한다. 막내에게 실망한 리어 왕은 두 딸에게만 재산을 다 나눠주고 막내와는 의절하고 만다. 그런데 재산을 상속한 후의 리어 왕의 신세는 비참하기 이를 데 없어진다. 상속받자마자 두 딸은 180도로 태도를 바꿔 아버지를 문전박대하기 시작한다. 두 딸이 서로 짜고 아버지를 받아주지 않자 리어 왕은 광풍이 부는 들판에서 모자도 쓰지 않고 백발을 쥐어뜯으며 후회한다.

아비가 누더기를 걸치면
자식은 모르는 척하지만
아비가 돈주머니를 차고 있으면
자식들은 모두가 다 효자

곁에서 딱한 사정을 지켜보던 어릿광대는 이런 노래를 불러 리어 왕을 위로하려 한다.

뒤늦게야 막내딸이 진정한 효녀였음을 알게 되어 리어 왕은 더욱 비탄에 빠진다. 그 막내딸이 암살자의 칼을 맞고 죽자 리어 왕은 고통을 감내하지 못하고 절명하고 만다.

올해(2014년)가 마침 셰익스피어 탄생 450주년을 기념하는 해라서 그의 작품들을 더욱 깊이 새겨보게 된다. 인류가 계속 진보하고 발달한다지만 인간 세상의 비극은 여전히 비극으로 답습되는 것일까? 리어 왕의 교훈을 고스란히 느끼게 하는 할머니의 잿빛 머리카락이 얼마나 더 안쓰러워 보이는지 모르겠다.

세계적으로 가장 급속도로 고령화 사회로 진행되고 있는 우리나라에서 노인 문제는 결코 남의 일이 아닐 것이다. 나 또한 어떤 노년을 맞을지 예측할 길이 없어 불안한 노릇이다. 젊은 시절 아무리 열심히 산다 한들 그것이 노후에 대한 절대적인 보장은 아닐 터이니……. 할머니가 부디 마음의 병을 이겨내고 건강을 회복하길 기원한다.

# 현명한 의사

## 요한 볼프강 폰 괴테『빌헬름 마이스터의 수업 시대』

어느 직업이나 고충이 있겠지만 온종일 사람을 상대해야 하는 의사도 적잖은 갈등을 겪으며 사는 것 같다. 환자 한 명이 들어설 때마다 한 사람의 몸과 거기에 담긴 질병 그리고 병에 소모되는 감정들과 환자가 지출할 금전까지 줄줄이 딸려오는 것을 모두 생각하면 융통성을 발휘해야 할 점이 한두 가지가 아니다. 어쩌다 보호자까지 동반하는 경우에는 두 사람 몫의 욕구가 발생하여 더 큰 부담이 생긴다. 진료하는 과정에 교과서적 지식만으로는 해결되지 않는 예민한 문제들과 당면하곤 한다.

오늘만 해도 어떤 환자가 울고불고 소란스러웠다. 내가 보기에 지극히 흔한 헤르페스 질염일 뿐인데 그녀는 왜 자신에게 이런 질염이 생겼는지 말해달라고 나에게 막무가내로 매달렸다. 과로와 면역성

저하가 가장 큰 원인이라고 설명해주어도 좀처럼 수긍하려 들지 않았다. 그녀는 최근 결혼 소개소에서 맺어준 배필감과 관계를 가졌단다. 나이 마흔에 늦은 감이 없지 않았지만 좋은 혼처라 믿고 있었는데 관계 후 즉각적으로 외음부에 물집이 생기더니 궤양으로 발전했다고 했다. 이 때문에 상대가 문란한 남자일 것이라고 단정을 짓고 그와 결혼할 것인지 말 것인지 결단을 내리려는 것 같았다. 그래서 의사인 내 입으로 성관계로 옮는 몹쓸 병에 걸렸다는 말을 듣고자 자꾸 같은 말을 되묻는 것이었다. 하지만 눈에 보이지도 않는 세균이나 바이러스의 행방을 내가 어찌 확정 지을 수 있겠는가? 이럴 때 내 말 한마디가 그녀의 결정을 크게 좌우할 것 같았다. 그래서 의사는 말하는 데 더욱 조심해야 하지 않을까 싶었다.

최근 괴테의 『빌헬름 마이스터의 수업 시대』를 읽었는데 대단히 인상적인 대목이 있었다. 주인공 빌헬름이 어린 시절부터 좋아하는 그림 「병든 왕자」에 대한 이야기이다.

그림 속의 왕자는 침대에 누워있다. 남모르는 고민을 간직한 왕자는 식음을 전폐하고 죽으려고만 한다. 왕자를 진찰한 의사는 그가 상사병을 앓고 있다는 걸 쉽게 알아낸다. 하지만 왕자가 연모하는 여인이 누구인지는 알 수가 없다. 의사는 침대 곁에 붙어 앉아 왕자를 관찰하기 시작한다. 아무리 예쁜 시녀가 들어와도 끄떡없던 왕자가 새어머니가 침대에 다가올 때는 얼굴이 붉어지고 말을 더듬

고 맥박이 빨라지는 변화를 일으킨다. 그러니까 왕자가 연모하는 여인은 바로 아버지의 새 부인이다. 왕자의 새어머니인 그녀는 아이도 하나 낳았지만 아직 젊고 아름답다. 의사는 왕에게 무어라 말해야 할지 심사숙고하다가 왕자의 병은 이룰 수 없는 사랑 때문이라고 고한다. 왕은 대체 이룰 수 없는 사랑이 무엇이냐고 묻는다. 이때 의사는 거짓으로 왕자가 자신의 아내를 사랑하고 있다고 대답한다. 왕은 의사에게 왕자와 왕국을 위해 아내를 양보하라고 간청한다. 그제야 의사는 왕에게 왕자가 아픈 진짜 이유를 밝힌다. 그러자 왕은 자신의 아내를 포기하고 왕자와 맺어주었다. 이 이야기의 원전은『플루타르코스 영웅전』이고 왕자의 모델은 기원전 로마 시대의 안토니우스로 여러 화가가 그림의 소재로 삼았던 인물이다.

이렇게 대범하고도 호탕한 왕이 있을까 참 놀랍기도 하지만 여기에서 왕자를 살리는 데에는 의사의 지혜가 크게 작용한 것 같다.

그런데 만일 왕자를 진찰한 의사가 나였다면 과연 어떻게 했을까? 나는 이야기 속의 의사처럼 거짓으로 고하거나 일을 꾸밀 능력이라고는 없다. 그저 늘 사실을 사실대로 말하는 것이 의사 본연의 자세라고만 배워왔을 따름이다. 아마 나라면 왕자를 설득해 새어머니를 포기하고 다른 여자를 사랑하도록 유도했을 것이다. '세상은 넓고 여자는 많다'고 알려주며 왕자에게 다른 어여쁜 여자를 주선하느라 바쁜 시간을 보냈을 것 같다. 그런데 그 멀고 먼 옛날, 지금으로부터 약 2000년 전에 이 의사는 어떻게 재간을 부려 왕자를 살려냈을까? 그의 현명함은 어디에서 왔을까?

흔히 지혜와 현명함은 여유에서 나온다고들 한다. 그 무엇에도 쫓기지 않고 여유를 가지면 세상을 좀 더 넓게 볼 수 있는데 많은 이들이 여유를 갖지 못하는 이유는 항상 무엇인가에 쫓기기 때문이라고……. 임대료에 쫓기는 의사는 환자에게 바가지를 씌우기 마련이고, 명예를 좇는 의사는 허명을 따르기 마련이고, 무지에 쫓기는 돌팔이 의사는 무리한 진료를 하기 마련이니까. 하지만 무엇에도 초연한 그런 여유를 얻으려면 얼마나 많은 경험과 성찰과 해탈이 필요한 걸까?

요즘은 실비 보험이 확산되면서 소견서를 써달라는 환자가 날로 늘어난다. 그런데 부풀려진 내용의 진단서나 사실과 다른 소견서를 써달라는 환자가 무척 많다. 진단서에 오직 진실만을 써야 한다는 원칙을 어기고 소설을 쓰라는 것이다. 이들 환자들과 마주할 때마다 갈등을 빚는 연유도 현실과 진실 사이에 놓인 괴리를 넘지 못하기 때문이다. 예를 들면 자궁암 검사를 받고 보험금을 수령하려면 환자가 원해서 검사한 게 아니라 의사 소견상 위험해 보이기 때문에 검사가 필요하다고 써야 한다는 것이다. 결과적으로 보면 그 말이 그 말 같지만 환자가 원해서 하는 검사와 의사가 필요해서 하는 검사란 엄연한 차이가 있는 법이다. 그런 환자의 요구를 거절 하느라 진땀을 뺄 때마다 '병든 왕자'를 진료한 의사의 현명함을 떠올리곤 한다. 환자를 살리고 위하는 것이 의사의 최대 목표라면 소견서쯤이야 관점을 달리해서 써줄 수도 있는 노릇이 아닐까? 하고…….

그렇다면 오늘 진료실에서 히스테리 상태로 신경질을 내며 헤르페스의 원인을 밝혀달라고 강요하는 환자에게 어떤 말을 하면 가장 지혜로운 의사가 되는 것일까?

누구에게나 나의 잣대로 세상을 살아가라고 강권할 수는 없지만 인생에 한발먼저 내디딘 선배로서 환자에게 내 진심을 전해줄 수는 있을 것 같다. 오늘 헤르페스에 걸려 펄쩍 뛰고 있는 환자에게 병에 연연하지 말라고 말하고 싶다. 우리 몸의 체표 면적이 이렇게 넓은데 수포 하나 생겼다고 그리도 불편한 건지. 일주일만 지나면 저절로 낫는 게 헤르페스 질염인데 그것으로 한 남자를 평가하고 결혼을 깨트려야 하는 건지. 바이러스와 같은 미미한 안목일랑 버리고 세상을 더 크게 보고 살라고 말하고 싶다.

# 세상에 오로지 나쁘기만 한 일

로제 마르탱 뒤 가르 『티보가의 사람들』

친지에게서 특이한 선물을 받았다. 방독면 두 개였다. 비록 남북이 대치하고 있다지만 이 땅이 휴전된 지가 60년째인데, 전쟁을 연상시키는 물건은 첫눈에 봐도 섬뜩했다. 꺼림칙함을 숨기려고 얼른 얼굴에 써 보니 영락없는 외계인의 모습이 되었다. 혹은 문어가 된 것 같았다. 투명 접안경에다 배기 밸브가 있고 여과기를 통해 공기를 정화하는 깡통이 매달린 방독면은 어딘지 낯익었다. 아우슈비츠 수용소가 나오는 영화의 한 장면이 떠올랐다. 옷을 벗겨 유대인들을 한곳에 몰아넣고 천장의 구멍으로 독가스를 살포하던 나치 군인이 나와 똑같은 방독면을 쓰고 있었다. 머리카락조차 모두 깎인 유대인들의 맷맷한 머리 위로 뿌려지던 그 독가스는 치클론 B였다.

기분이 으스스해지기에 서둘러 방독면을 치우다가 『티보가의 사람들』을 생각하게 되었다. 1937년 노벨 문학상을 받은 로제 마르탱 뒤 가르의 이 장편 소설에 독가스가 나오기 때문이다. 제1차 세계 대전이 발발하게 된 유럽의 정세를 낱낱이 담고 있는 이 작품의 주인공은 티보가의 두 형제다. 동생 자크는 극단적인 반전 운동가다. 그는 비행기를 타고 전쟁터에 삐라를 뿌리고 다닌다. 거기에는 군인들이 없다면 전쟁은 할 수 없으니 모두 조속히 집으로 돌아가라는 내용이 적혀있다. 하지만 자크가 탄 비행기는 아군의 폭격으로 폭발

하는 통에 자크는 전신에 화상을 입고 간첩으로 오인된 채 죽고 만다.

형 앙투안느는 의사다. 내과의로 파리에서 병원을 개업한 뒤 참전하게 된다. 그러나 제대로 싸워보기도 전에 정찰을 나간 어느 날 독가스에 쏘이고 만다. 방독면을 쓰라는 지침을 준수하지 않은 결과였다. 이때 독일군이 사용한 독이 이페린 가스다. 겨자 향이 나서 머스터드 가스라고도 불리는 이 독은 1915년 벨기에의 이프로 지역에서 처음 사용됐기 때문에 이페린이라는 이름이 붙었다. 염화황과 에틸렌으로 만들어진 이 물질은 실제로는 액체지만 호흡기를 공격

하므로 독가스로 이용되었다. 이 물질에 닿으면 피부에 물집이 잡히고 후두염, 기관지염 증세를 보이다 폐가 굳어지므로 호흡 곤란과 고열에 시달린다. 앙투안느는 의사이기 때문에 자신의 증상을 대수롭지 않게 생각했지만 폐 손상이 진행됨에 따라 극심한 고통을 겪는다. 작품의 후반부는 앙투안느의 처절한 병상 기록이다. 그는 37년 4개월 9일을 살고 숨을 거두며 죽는 것이 생각보다 간단하다는 글을 남긴다. 여기에 독가스에 대해 생각할 만한 대목이 나온다.

"독일 놈들이란! 전쟁하는 수법이 짐승이나 다름없어요"라는 말에 앙투안느가 대답한다.

"전쟁에서 비인간적 방법이라는 말은 아무런 의미가 없는 것이다. 총으로 죽이면 인간적이고 독가스로 죽이면 비인간적이라는 주장은 전쟁에 어떠한 방식이 있음을 인정하는 말이다. 그러나 사람을 죽이는 데 있어서 인간적인 방법은 있을 수 없다. 말도 안 되는 것, 비인간적인 것은 전쟁 그 자체인 것이다."

앙투안느의 말은 구구절절 옳다. 그렇기 때문에 제1차 세계 대전 후에 독가스를 사용하지 말자는 협정이 이루어졌다. 사실 그런 협정은 이미 1899년 헤이그 평화 회의에서 체결됐었고, 이를 독일이 어겼던 것이다.

더욱 기가 막힌 것은 제2차 세계 대전에서 사용된 나치의 독가스다. 나치는 이페르보다 훨씬 무서운 치클론 B를 써서 600만 명의 유대인을 학살했다.

그러면 왜 나치는 독가스를 사용했을까?

물론 유대인에게는 총알도 아까웠기 때문이라고도 하고 대량 학살에는 가스가 경제적이었기 때문이라고도 하지만 사회학자의 설명 방식은 조금 다르다. 나치가 유대인에 대해 병적 혐오감(Idiosynkrasie) 또는 접촉 공포증을 가졌다고 본다. 우리가 거리에서 오물이나 배설물을 발견했을 때 느끼는 혐오감의 감정을 나치가 가졌다는 것이다. 혹시 유대인과 접촉한다면 그와 동일시될지 모른다는 두려움으로 대상을 깨끗이 해결하고자 가스를 선택했다는 것이다. 그것은 죽는 이에게 깨끗한 것이 아니라 죽이는 자에게 깨끗한 것으로 지독히 비인간적인 이유이다.

또 삽시간에 공기조차 무기로 활용할 수 있는 화학 물질을 개발하게 한 기술(Technique)도 문제였다고 지적한다. 그러므로 아우슈비츠 이전에는 오직 폴란드의 한 지역만 아우슈비츠였지만 아우슈비츠 이후에는 지구 도처가 아우슈비츠라는 놀라운 말을 하기도 한다.

종전 후에 요행히 아우슈비츠에서 살아 돌아온 지식인들이 모두 자살로 생을 마감했다는 통계를 보아도 그곳에서 대체 무슨 일이 벌어졌었던 건지 우리는 상상하기조차 괴롭다.

이런저런 생각에 독가스에 대한 자료를 찾아보다가 신기한 걸 알게 되었다. 앙투안느가 쏘인 이페르가 훗날 항암제로 개발되었다는 내용이다. 이페르에 쏘여 죽은 병사들을 부검해본 결과 임파 조직과 골수가 심하게 파괴된 점에 주목하여 임파 종양 환자의 치료제를 개발한 것이다. 가슴 아픈 이페르 가스가 오늘날 항암제 발달의 단초를 제공했다니 이처럼 역설적인 일도 흔치 않을 것이다. 사람을 죽이려는 무기에서 사람을 살려내는 약물이 만들어지는 역사가 보여주려는 것은 세상에 오로지 나쁘기만 한 일은 없다는 것이 아닐까? 그것이 절망 가운데서도 웃어야 하는 이유일 것 같다.

우리 부부를 위한 두 개의 방독면을 선물 받았지만 내 생전에 저토록 꺼려지는 물건을 사용할 날이 결코 오지 않기를 바라며 지구상에 아예 방독면의 존재가 필요치 않게 되기를 기원한다.

# 문학의 모험가 드니 디드로에게 보내는 서한

드니 디드로 『운명론자 자크와 그의 주인』 외

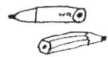

안녕하세요? 디드로 할아버지!

저보다 246세나 더 연배가 높으신 어른에게 편지를 쓰려니 걱정이 앞서는군요. 우리의 세대 차이가 극복될 수 있을까 말이에요. 하지만 전 확신하고 있어요. 디드로 할아버지, 당신이라면 제 모든 유치함을 다 이해해주시리라고요.

어떻게 당신을 알게 되었냐고요? 그야 고등학교 시절 도덕 교과서에서 맨 처음 할아버지 이름을 보았었지요. 계몽주의 학파라며 볼테르, 루소, 몽테스키외, 디드로 등등 고리타분한 이름들이 나열되어 있었지요. 또 백과전서파라는 말도 들었는데 아마 학문을 총망라한 공적에서 비롯된 이름이겠지요?

백과전서라니! 얼마나 따분한 소리에요? 그래서 디드로 할아버지는 어려운 철학자이며 저와 상관없는 사람으로 알고 살았답니다. 그러다가 2013년도에 디드로 탄생 300주년이라고 모 대학 불문과에서 기획한 강연 안내문을 보았습니다. 그러나 그건 그보다 1년 전에 '장 자크 루소 탄생 300주년'이라고 플래카드를 붙였던 것과 마찬가지로 상투적인 행사였을 뿐 별반 제 관심을 끌지는 못했습니다. 다만 우리보다 300년이나 앞선 분들이 계셨다는 사실을 환기해 주었더랬지요.

제가 본격적으로 할아버지를 알게 된 것은 당신의 소설을 읽은 후였어요. 우리나라에서 유명한 작품은 『운명론자 자크와 그의 주인』, 그리고 『라모의 조카』랍니다. 번역이 잘 되었다는 풍문을 듣고 문학적으로 어리디어린 제가 당신의 작품을 찾아 읽게 되었답니다. 우리 시대의 평론가들은 디드로라는 이름 앞에 혀를 내두르곤 하지요. 디드로가 본디 철학자라면서 어떻게 문학까지 섭렵했을까? 하고 말이지요. 작품마다 어떻게 그렇게 색깔이 다를까? 또는 18세기에 살았으면서 어떻게 21세기인 지금보다 더 진보된 형식의 소설을 썼을까? 그런 의문을 갖는답니다. 그래서 할아버지에게는 문학의 모험가라는 타이틀도 붙어 있고요.

평론가도 뭣도 아닌 저는 할아버지의 작품을 끙끙거리며 따라 읽다가 색다른 매력에 빠져들게 되었습니다. 소설은 통상 하나의 이야기를 나열하기 마련이던데 할아버지의 작품은 그렇지 않더라고요. 작가가 전지전능한 시선으로 모든 걸 개괄하는 방법 대신에 본래 우리 삶이 목적지를 알 수 없게 흐트러진 것처럼 그렇게 파격적인 방식으로 작품을 쓰신 것에 대해 놀라움을 감출 수 없었습니다. 도무지 진도가 나가지 않는 작품의 구성이 마치 저의 삶처럼 답답하기 이를 데 없더라니까요. 물론 술술 읽히지 않는 난해함을 극복한 연후에 얻은 깨달음이지만요.

무엇보다 저는 할아버지께서 누구보다 열심히 애쓰며 사셨고 세상에 대해 자주 실망했지만 끝까지 노력하며 살았다는 사실에 경탄을 아끼지 않고 있어요. 할아버지의 생애를 살펴본 사람이라면 누구나 동조할 내용이에요.

날붙이 장인의 장남으로 태어나 일곱 동생을 두었으나 삼 남매만 살아남았다죠. 라틴어 공부도 잘하고 머리도 좋아 신부님에게 사랑받는 학창 시절을 보낸 후에는 법률 공부를 하셨다 들었습니다. 잠시 법조계에서 서기 일을 하다 그 단조로움을 견디지 못하고 뛰쳐나가니 생계를 이을 방도가 없었다지요. 법조계를 외면했다는 이유로 부모님도 도와주지 않는 시절에는 문학계를 맴돌다가 굶어 쓰러진 날도 있었다고 들었습니다. 『라모의 조카』에 나오는 라모처럼 문전걸식하거나 가정 교사 일도 하고, 또 성직자의 설교문을 대신 써주기도 하며 근근이 사셨다지요? 그러다 백과전서를 편찬하면서 본격적인 문학 활동에 발을 들이셨다고 하더라고요.

당신께서 하신 일이 당시 무지했던 사람들에게 한 줄기 빛을 내려주는 계몽주의 작업이라는 것과 그런 작업이 프랑스 혁명의 단초가 되었다는 걸 모르는 이가 없겠지요. 오늘날 인류 역사에서 프랑스 혁명만큼 자주 거론되는 사건이 다시 없다는 걸 보면 참으로 대단한 업적을 이루셨네요. 누군가 말하잖아요? 우리나라는 프랑스 혁명처럼 민중을 일깨운 사건이 없어 진정한 민주주의가 절대 이뤄지지 않을 거라고요.

아, 제가 할아버지께 하고 싶은 말은 이런 게 아니었는데 너무 아부성 발언만 늘어놓았나 봅니다. 전『운명론자 자크와 그의 주인』을 읽다가 눈이 번쩍 뜨인 적이 있었어요.

작품 중에 자크가 아픈 대목이 나오지요.

주인: 자네 감기는 좀 어떤가?

자크: 열감기인데, 의사들이 말하기를 반대는 반대에 의해 치료된다고 하더군요.

주인: 신체와 마찬가지로 도덕적인 면에서도 사실이라네. 난 한 가지 이상한 사실에 주목했는데 도덕적인 경구 중 의학적인 경구로 쓰이지 않는 것은 하나도 없다는 걸세. 마찬가지로 의학적인 경구 중 도덕적인 경구로 쓰이지 않는 것은 하나도 없고.

자크: 아마도 그럴 겁니다.

이야말로 오늘날 흔히 말하는 이열치열(以熱治熱)의 진리인데 그 옛날에도 당신은 이미 알고 계셨던가요? 얼마 전에 제가 감기에 걸렸을 때 쌍화차를 마시고 이불 속에 누워 땀을 빼고 나니 금세 회복되었답니다. 어린아이는 온도 조절 중추가 미약하여 경기를 일으킬 수 있으므로 열나는 아이를 덥게 해주었다가는 큰일이 나지만요. 저는 이 대목을 읽고 인체가 얼마나 도덕률을 따르고 있는지 추산해보았습니다. 물론 할아버지 당신은 도덕이란 오로지 선행으로 이루어진 것으로 판단하셨다지만 세상의 도덕은 순결이나 정숙, 절제와 겸손, 위엄 그리고 성실 등등에 대한 규정이 있지요. 결론적으로 말하자면 제 생각은 이래요. 인체란 우주를 축소한 하나의 소우주이므로 세상의 원리가 고스란히 적용될 수밖에 없다는 거지요. 도덕도 예외가 아닐 거예요. 순결하고 정숙해야만 병에 걸리지 않을 것이고 절제를 따라야만 신체를 혹사하지 않겠지요. 겸손하고 위엄을 갖춘 사람만이 건강을 잘 단속할 것이며 성실한 자만이 건강을 간직할 것이에요. 의학과 도덕이 같은 메커니즘에 놓였다는 말은 저 광활한 우주가 돌아가는 이치나 인간 개개인이 우주를 본받아 돌아가는 이치나 똑같다는 말씀 아니겠어요?

그런데 어떻게 당신은 그 먼 옛날에 의학이 도덕률을 따르고 인체가 우주를 따른다는 걸 파악했던 걸까요? 당신의 또 다른 저서『맹인에 대한 서한』을 읽어보니 의학에 대한 지식이 출중하시더라고요. 시각에 대한 의학 지식은 현대인인 저보다도 훨씬 나으셨어요.

시력을 되찾은 맹인이 사물을 보는 데에는 '눈의 체액이 절절하게 요구되는 시간, 각막이 시각 작용에 필요한 볼록한 모양이 되는 데 걸리는 시간, 동공이 고유한 확장과 수축을 하는 데 필요한 시간, 망막이 빛의 작용을 너무 강하지도 않고 너무 약하지도 않게 지각하는 데 걸리는 시간, 눈의 근육이 그 기능을 잘 완수하는 데 걸리는 시간, 시신경이 감각 인상을 전달하는 데 익숙해지는 시간, 안구 전체가 필요한 모든 부분의 배치를 준비하는 시간, 안구를 구성하는 모든 부분이 협력하는 데 필요한 시간'이 걸린다고 기술하셨더라고요.

그러니까 당신은 인간의 눈이 사물을 파악하는 데 어떤 과정이 필요한지를 의학적으로 정확히 간파하고 계셨던 거지요. 또 당신은 진리를 탐구하고 기독교에 치우쳐 생긴 대중의 무지를 타파하려고 유물론자가 되셨다는 생각이 들어요.

당시에 맹인 학자인 손더슨이 임종을 앞두고 이런 말을 했다고 작품에 쓰셨지요.

"아, 목사님, 아름다운 광경 이야기는 그만하십시오. 그것은 결코 나를 위해 만들어지지 않았습니다. 나는 어둠 속에서 생애를 보내야만 했습니다. 그런데 당신은 내가 전혀 이해하지 못하는 초자연적 경이를 언급하십니다. 하지만 그것은 당신과 당신처럼 볼 수 있는 사람들에게만 증거가 됩니다. 내가 신을 믿기 원하신다면 당신은 내가 신을 만지도록 해주셔야 합니다."

디드로 할아버지! 당신은 이 대목 때문에 벵센느 감옥에 투옥되었다죠? 종교와 미풍양속을 해친다는 이유였다니 얼마나 마음고생이 심하셨어요? 뭐, 몸의 고생은 말할 것도 없겠지만요. 하지만 당신, 디드로 할아버지! 아마도 당신 덕분일 거예요. 오늘날 우리가 이렇게라도 발달한 시대에 살 수 있는 것은…….

그러나 결코 흡족하지 않으실 테죠. 한평생 애쓰신 결과에 비춰보실 때 후세의 우리가 기대에 부응할 정도로 잘 살고 있다고는 생각지 않으실 거예요. 여전히 우리는 우매한 인간이겠지요. 언뜻 낯이 붉어지는군요. 할아버지, 당신의 뜻을 더욱 기리도록 애써볼게요. 조금만 더 기다려 주세요. 할아버지 덕분에 저는 문학에도 철학에도 자꾸 다가가고 싶어져요. 진리를 탐구하고 싶은 욕망이 자꾸 많이 생겨요.

뜨거운 감사를 드리며

2015년 6월 동쪽 나라 어느 애독자가

# 그림자들의 나라

## 제라르 드 네르발『오렐리아』

과학을 신봉하는 이 시대에 어울리는 말 같지는 않지만 우리는 눈에 보이지 않는 기운의 지배를 받는 게 아닌가 하는 생각을 한다. 참 이상하게도 온종일 같은 증상을 보이는 환자가 몰리는 날이 있기 때문이다. 감기처럼 전염병이라면 또 몰라도 자연 유산이나 방광염처럼 전염과는 상관없는 병을 가지고 환자들이 줄줄이 내원하는 경우가 있다. 자궁 외 임신과 같이 위험한 상태의 산모도 어쩌다 한 명 생기면 연달아 나타나곤 한다. 오늘만 해도 그랬다.

아침 첫 환자가 부정 출혈을 호소하더니 하루 종일 똑같은 증상의 사람들이 이어졌다. 월경 기간이 아닌데 피가 나는 그런 현상 말이다. 여성이라면 다달이 생리 현상에 따라 규칙적인 주기를 갖기 마련이다. 그런데 이 주기의 변동이 근심을 사는 경우가 많다. 어쩌

다 코피만 흘려도 빨간 피가 주는 으스스한 느낌 때문에 놀라기 마련인데 예상치 못한 하혈이 생긴다면 얼마나 큰 걱정을 할 것인가. 환자들은 저마다 "암은 아니겠지요?"라고 질문하며 과민 반응을 보였다.

하지만 젊은 여성의 경우 자궁 출혈은 아무런 질병이 아닌 경우가 허다하다. 과로라든가 스트레스, 심리적인 동요 등이 하혈까지 초래하는 것이다.

내가 만난 환자 중에 가장 특이한 경우는 부부 싸움만 벌이면 자궁 출혈이 생겨 병원을 찾아왔던 부인이었다. 또 최근에는 기르던

애완견이 죽고 나서 하혈이 멈추지 않은 사람도 보았다. 이처럼 자궁 출혈이란 흔하고도 누구에게나 가능한 일반적인 사건일 수가 있는 것이다. 그런데 왜 어떤 날에만 출혈하는 사람이 몰리는 것일까? 거기에는 필시 눈에 보이지 않는 어떤 기운이 작용하는 것만 같다.

이런 의문은 퇴근하다가 지하철에서도 가질 수 있다. 어떤 날에는 지하철 앞쪽 칸이 붐비고 어떤 날에는 뒤쪽 칸으로 사람들이 쏠리는 기이한 현상을 보곤 하는 것이다.

그 점이 늘 의아하던 차에 해답을 주는 구절을 발견하게 되었다. 1885년 파리에서 목매달고 죽은 시인 제라르 드 네르발의 『오렐리아』 중에서였다.

"달은 필멸의 육신에서 벗어나 좀 더 자유로운 우주의 갱생을 위해 일하는 형제 같은 영혼들의 피난처였다. (중략) 그 천체는 언젠가 지상에 다시 태어날 운명을 탄식하는 그림자들로 붐비는 것처럼 보였다."

중세의 천체 이론에 따르면 달은 첫 번째 정화를 미처 마치기 전의 죽은 영혼들의 거처이며, 거기에서 다른 행성으로 천사들에게 이끌려가 두 번째 정화를 거치게 된다고 한다. 그렇다면 달이야말로 연옥(림보)의 역할을 하는 셈이다. 불교에서는 열반에 이르면 그림자조차 드리우지 않는다고 하니까 열반에 이르지 못한 영혼들에게는 그림자의 거처가 반드시 필요한 것이리라. 네르발의 글처럼 달이 죽은 그림자들의 왕국이라면 거기에는 얼마나 많은 원한이 쌓여 있을까? 이승에 남긴 인연과 사랑에 대한 미련이 첩첩이 쌓인 곳이 그곳이 아니면 달리 어디 있겠는가?

달이 지구에 중력을 작용하여 밀물과 썰물을 일으키는 것은 천체 물리학적 현상이지만 그와는 별개로 죽은 그림자들로 붐비는 달은 우리에게 보이지 않는 영향력을 얼마든지 행사할 수 있을 것이다. 그래서 오늘 창백하게 찢어진 저 하현달은 내일이면 더 가늘어져 사라질 테고, 또 어느 밤에는 다시 황금색의 풍만한 덩어리가 되어 빛줄기를 내뿜으리라. 밤마다 달님은 모양을 바꾸고 색깔을 바꾸고 볼 때마다 변화하는 마술을 부리니까.

이렇듯 달님에 기거하는 숱한 그림자가 알 수 없는 이치에 의해 내 환자들의 월경 주기를 변동시킨다면 내가 어찌 그것을 치료할 수 있으랴. 그래서일까? 오늘 온종일 찾아온 여러 환자들의 출혈은 특별한 병적인 원인이 있는 게 아니라서 그저 지켜보는 것으로 저절로 나아질 상황이었다. 한 사람은 사기를 당해 거액을 잃은 후부터 피가 났다 하고, 또 한 사람은 직장을 옮긴 후부터 그런다고 했다. 또 다른 환자는 남자 친구와 결별한 괴로움을 이기기 어렵다고 말했다. 나머지 한 명은 아이를 간절히 원하는데 7년째 불임이라고 우울하게 말했다. 그림자들의 왕국에 무슨 사건이라도 있었던 것일까? 우두머리가 바뀌고 체제가 바뀌고 반란이라도 일어났던 것일까? 세상에 힘들지 않은 이가 없는데 이들에게만 출혈을 불러일으키는 것도 이상한 노릇 같았다. 제아무리 나이가 들고 경험이 늘어난다고 해도 삶이란 정말 알 수 없는 일투성이다.

# 선택된 인간

토마스 만 『선택된 인간』

내가 의사가 된 것은 명백히 기적이었다. 무엇보다도 의과 대학에 입학했다는 것이, 그것도 이화 여자 대학교에 합격한 사실이 불가능을 이룬 대단한 사례였다. 구구단도 제때 못 외우고 물리나 화학에는 아무런 개념이 없었던 나는 연극배우가 되거나 비서학과에 진학하는 것이 꿈이었다. 하지만 둘 다 미모가 어느 정도 뒷받침이 되어야 가능하다는 것을 깨우친 후에 부모님의 소원인 의사가 되겠노라 진로를 바꾸었다. 뒤늦게 이과 과목 공부를 보충하자니 땀깨나 흘려야 했다. 합격 여부를 확인하러 오빠 손을 잡고 달려가 게시판에 붙은 내 이름을 보는 순간, 최초로 신에게 감사하는 마음을 가졌다. 그야말로 신에게 선택받은 기분이 들었던 것이다. 그때까지는 교회를 다니기는 했어도 신앙심이 없었던 까닭에 감사할 기회란 거의 없었다.

하지만 시간이 지날수록 내가 이룬 기적이 하나도 달갑지 않기 시작했다. 대학생만 되면 한 번에 와락 성숙한 어른이 되는 줄로만 알았던 나는 학교생활의 모든 것이 불만스럽게 보였다. 소위 지성의 광장이라는 캠퍼스에는 미니스커트를 입고 미모를 뽐내는 여대생만 눈에 띄었을 뿐, 내가 머릿속에 그렸던 지적인 대학생은 만날 수가 없었다. 당시 유행하던 실존주의 철학을 논하는 사람도 없었고, 정권에서 금서로 지정했던 마르크스 이론을 몰래 공부하는 낌새를 풍기는 이도 없었다. 우리들은 잔디밭에 도란도란 몰려 앉아 비엔나커피는 어느 다방이 맛있는지, 그린 하우스의 꿀빵은 무엇으로 만들었는지, 어느 미장원의 퍼머 값이 제일 싼지 토론하곤 했다. 한 번에 500명이나 수강하는 철학 강의는 도무지 재미도 없었을 뿐 아니라 산만한 수업 분위기로 말미암아 무슨 소리인지 알아들을 수도 없었다. 학교에 정이라고는 붙이지 못하고 친구도 제대로 사귀지 못하게 된 나는 오로지 집 안에서 뒹굴며 시간을 보냈다. 그러다 읽게 된 책 한 권에서 일생 잊지 못할 감동을 받게 되었다. 그것은 1929년도에 노벨 문학상을 받은 독일 작가 토마스 만의『선택된 인간』이었다.

어느 공국에서 왕과 왕비가 죽자 쌍둥이 남매만 남게 된다. 남매는 서로 사랑하다 관계를 맺게 되고 아이가 태어난다. 근친상간으로 생겨난 아이는 즉시 통에 담겨 바다에 버려지고 아이의 아버지는 죄책감에 나라를 떠나 죽음을 맞는다. 아이의 어머니는 여왕이 되어 공국을 통치하는데 워낙 아리따워 주변 나라 왕자들의 청혼이 이어진다. 하지만 스스로 죄인이라 생각하는 여왕은 청혼을 거절하고 마는데 그 때문에 외세의 침략을 많이 받는다. 한편 통 속에 버려진 아이는 무사히 구출되어 수도원에서 자라게 된다. 그레고리우스라는 이름으로 교육을 잘 받은 아이는 왕족의 핏줄인 만큼 훌륭한 청년이 된다. 그레고리우스는 연약한 여왕이 외침에 시달린다는 소문을 듣고 기꺼이 전쟁터에 뛰어들어 공국을 구한다. 나라를 구한 공로로 그레고리우스는 여왕과 결혼하게 된다. 근친상간으로 태어난 그레고리우스가 이제 친어머니와 새로이 근친상간하게 된 것이다. 둘은 딸도 낳고 잘 사는 듯했지만 비밀이란 언제나 스스로 밝혀지기 마련이었다. 이중의 근친상간이라는 운명에 엮인 그레고리우스는 참담한 심정으로 길을 떠난다. 어느 섬에 이르자 몸을 족쇄에 묶은 채 이슬만 먹으며 극단적인 참회의 시간을 보낸다. 기골이 장대한 그레고리우스는 고슴도치만 한 크기로 줄어든다. 17년의 세월이 흐른 후, 교황청에서 새로운 교황을 선출해야 했을 때 모든 추기경이 한 가지 꿈을 꾸는 일이 생긴다. 꿈속에서 신이 계시하길 어느 어느 섬에서 고행하는 그레고리우스를 교황으로 데려오라는 것이다. 그렇게 해서 그레고리우스는 교황으로 선출된다. 마지막은 교황이 된 그레고리우스가 친어머니를 만나 죄를 사면해 주는 장면으로 끝난다. 그동안 그레고리우스의 어머니도 수용소를 세워 불우한 병자들의 발을 씻기며 참회하는 생활을 해왔던 것이다.

줄거리만 적어보면 대략 이런 내용이다. 『선택된 인간』은 스무 살의 아가씨인 내가 감당하기에는 충격 그 자체였다. 당시 아직 인간이나 인생이 무엇인지 까마득히 모르는 나로서는 남매의 근친상간도 이해하기 어려웠고 그렇게 태어난 자식이 다시 어머니와 근친상간하게 되는 정황이 지독히도 무섭게 느껴졌다. 어머니와 결혼하려는 고의성은 없었다 하더라도 자신이 조금만 더 사려 깊게 생각해봤더라면 운명의 장난 따위는 비껴갔으리라고 절규하는 그레고리우스의 눈물이 뜨겁게 내게 스며들었다. 17년간이나 고행하느라 고슴도치처럼 줄어들었다는 그레고리우스가 가엾어 견딜 수가 없었다. 다행히 진심으로 뉘우치면 용서되지 않을 죄란 없다는 것으로 결론이 나 얼마나 안도했는지 모른다. 지극한 신의 은총도 느낄 수 있었다.

책 한 권이 내 삶을 바꾸었다고 말하는 것은 가당치 않지만 이후로 나는 나도 모르게 죄를 질까 봐 무척 조심하게 되었던 것 같다. 그리고 우리 가운데 누가 선택되는가를 생각해보게 되었다. 아마 우리 모두 하나하나 다 선택되는 것은 아닐까? 저마다 선택되어 단독자의 삶으로 사회에 자리매김하게 되는 것이리라.

당시 가난했던 우리나라 1970년대와 1980년대에 대학교 캠퍼스를 누비고 다녔던 나는 매우 특별한 행운을 얻은 것이라 믿는다. 어디 가서 이대 나온 여자라고 으스댈 수도 있겠지만, 그 선택은 형편이 나빠 대학 진학을 포기했던 사람들 앞에서 무한히 겸손해야 하고, 항상 낮은 데를 살펴보는 사람이 되어 받은 사랑을 나눠야 한다는 뜻이라 생각한다.

# 독서 예찬

## 호르헤 루이스 보르헤스 『만리장성과 책들』

일개 산부인과 개원 의사인 내가 수필가로 등단해서 책을 발간하고 『책과 삶』에 연재까지 한다고 하면 누구나 반드시 묻는 말이 있다.

"어머, 얼마나 환자가 없어서 그런대요?"

그러면 우스갯소리로 "저는 환자들이 옷 입고 벗는 사이에 글을 씁니다"라고 대꾸하곤 한다.

옷을 입고 벗는 데에 시간이 지체된다는 점이 산부인과 고유의 특징이기는 하지만 정말 그런 건 아니다.

아마 내가 책을 읽고 글을 쓰고 문학에 관심을 갖게 된 건 다양한 환자들이 찾아와 제각각 고민들을 너무 많이 털어놓았기 때문일 것이다. 교과서에서 배운 것만으로 이해할 수 없는 세상의 고통이 너무 많기에 문학에서 그 답을 찾으려 했던 게 아니겠는가?

일레로 월드컵에 얽힌 이야기를 하고 싶다. 작년 2014년에는 우리가 16강에 탈락해 싱거웠지만 우리나라에서 월드컵을 개최했던 2002년에는 4강까지 진출하여 우리 모두 얼마나 뜨거운 열광의 도가니에 휩싸였었는지 기억할 것이다. 그때 산부인과도 월드컵 특수효과를 누렸다고 말할 수 있는데 뜻하지 않은 임신을 한 산모와 예기치 못한 성병에 걸린 여성이 숱하게 생겨났기 때문이다.

붉은 악마를 상징하는 빨간 티셔츠를 입고 시청 앞 광장에 모여 붉은 수건을 흔들며 응원하다가 대한민국이 한 골을 넣는 순간! 기쁨에 사로잡혀 남녀들이 주변의 그 누구와도 얼싸안을 수 있게 되고, 또 그 누구와도 하룻밤을 보낼 수 있게 되어 생긴 결과였다. 경기가 막을 내리고 축구의 열기가 싸늘하게 가신 후에야 임신 사실

을 알게 된 아가씨들은 진료실에 찾아와 눈물방울을 뚝뚝 떨구었다. 전혀 예상치 못한 결과일뿐더러 아이 아버지를 찾을 수 없노라고…….

그럴 때 좋은 의사는 어떤 태도를 취해야 할까? 어쩌면 이들은 월드컵 응원 문화가 양산한 헤픈 분위기에 휩쓸린 희생자일 수도 있으니 개인의 실수라기보다는 전체의 과오일 수도 있는데 말이다.

그해부터였다. 2002년 월드컵 때부터 병원은 활기를 띠게 되었고 환자들과는 더 깊은 내면을 이야기하게 되었다. 그럴수록 나는 책에 몰입하게 되었던 것 같다. 그런데 책이라는 게 연쇄적으로 맞물려 있어서 한 권의 책을 읽으면 다른 책을 읽어야만 제대로 내용을 파악할 수 있는 경우가 허다하다. 그래서 한 권의 책을 구입하고 나서 또 다른 책을 구하는 일이 고구마 줄기를 캐듯 이어졌다. 그러다 보니 병원 한구석에 책을 가득 쌓아두게 되었다.

진료실에 들어선 환자 가운데 "어머나, 소설책이 참 많네요" 하고 놀라움을 표현하는 이들이 더러 있는데 사실 진료실에 소설책은 반드시 구비해야 할 물건이 아니라서 조금 민망한 생각이 들기도 한다. 어떤 환자들은 내게 책을 읽는 의사라 더욱 믿음이 간다고 말하거나 문학의 도움을 받아서인지 자신의 처지를 잘 이해해줘서 고맙다고 긍정적인 평가를 하기도 한다. 하지만 도대체 얼마나 많은 책을 읽어야 책을 읽었노라고 말할 수 있을까?

그런 점에서 나는 아르헨티나의 호르헤 루이스 보르헤스를 가장 존경하는 작가로 손꼽는다. 그는 태어날 때부터 약한 시력을 가지고도 세상의 책을 다 섭렵했단다. 그의 작품을 읽어보면 마치 핏속에 문학이 흐르는 것 같고 오로지 문학으로 이뤄진 사람처럼 느껴진다. 수년간 도서관장을 역임한 이력도 87세까지 책에만 파묻혀 지낼 수 있는 데 도움을 주었을 것이다.

그의 단편들은 너무 어려워 소화하기가 버거운데 고맙게도 책들에 대한 에세이집이 있다. 우리나라에서는『만리장성과 책들』로 번역된 이 작품에는 서른다섯 가지의 책에 대한 이야기가 실려있다. 여기에서 보르헤스는 글을 쓴 작가만큼 독자의 몫이 중요하다고 설파하기도 한다. 가장 마음에 남는 구절은「도서 예찬에 대하여」에서 발견했다.

"말라르메에 따르면 세상은 한 권의 책을 위하여 존재한다고 했고, 또 레옹 블로아에 의하면 우리는 모두 마법 책을 구성하고 있는 한 문장이거나 한 단어 혹은 한 글자이고, 끊임없이 이어지는 이 마법 책이야말로 세상에 존재하는 유일한 것으로 세상 그 자체이다."

책으로 이루어진 세상을 말하며 책의 의미를 소중하게 여기는 보르헤스를 읽으며 나는 더 진지하게 그에게 다가가려 애쓴다. 예전의 나는 독서가 그저 음악 감상과 같다고 여겼다면 요즘에는 독서란 악보를 연주하는 것과 같다는 생각을 한다. 음악은 같은 악보를 보고도 제각각 연주하며 얼마든지 작곡가의 의도를 재해석하고 예술을 구현할 수 있는데 독서도 이와 다를 바가 없는 것이 아니겠는가? 그렇기 때문에 더 공들여 책을 읽어야만 할 것 같다.

사실 내가 의사가 되기 위해 즉 의술이라는 기술을 익히기 위해 할애한 시간과 노력을 생각해보면 문학이라는 예술에 다가가는 것이 겁이 나곤 한다. '문학은 더 방대하고 포괄적인 학문인데 전공자도 아닌 내가 함부로 사랑해도 되는 것일까?'라고 말이다. 하지만 문학이 인간을 이해하는 지름길이라는 말을 되새기며 보르헤스만큼은 아니라도 내가 출산을 도와준 산모의 수만큼의 책은 읽겠다는 당찬 꿈을 꾼다.

# 두 번째 홍역

## 로맹 롤랑『장 크리스토프』

오늘도 내 친구는 나더러 의사의 자격이 없다는 말을 서슴지 않는다. 지금 유행하는 독감도 안 걸리고 고등학교 시절부터 30년 넘게 도무지 아픈 적이 없던데 그런 사람이 어찌 환자의 애환을 알겠느냐는 것이다. 나의 건강을 부러워하는 말치고는 심하지만 아닌 게 아니라 맞는 말이다. 건강은 장담하는 게 아니라는데 나는 좀처럼 병이 나지 않는다. 약이라고는 구충제나 먹을 정도이다. 하지만 혹독하게 아팠던 기억은 있다.

초등학교에 입학하고 얼마 되지 않아서였다. 방과 후에 집으로 돌아오자마자 이불 속으로 기어들어갔다. 숨이 잘 쉬어지지 않고 목소리도 나오지 않았다. 내가 좋아하는 달랑무 김치찌개에 밥 먹으라는 어머니의 말씀도 귀에 들려오지 않았다. 언니들은 내가 학교에 가기 싫어 꾀병을 부리는 거라고 놀렸다. 그러나 다음 날도 그 다음 날도 자리에서 일어나지 못했고 얼굴에 빨간 반점이 돋아나자 식구들은 비로소 홍역을 의심하기 시작했다. 당시는 라이루겐 같은 예방 주사가 갓 보급되기 시작한 시기여서 집집마다 홍역으로 아이를 하나둘 잃기도 했던 때였다. 얼굴부터 시작된 반점이 온몸으로 퍼지며 고열과 함께 걷잡을 수 없이 기침을 하자 식구들은 내게 보이던 관심을 점점 거둬들이기 시작했다. 처음에는 병원에 데려가야 하는 게 아닐까 걱정하던 식구들도 홍역이란 어차피 한 번은 걸리지 않고 넘어갈 수 없다며 운명에 나를 맡겼다. 방 한구석에 누워 있던 나를 재봉틀이나 다듬잇돌 보듯 했다. 이따금 번갈아 와서 여전히 숨이 붙어있나 들여다보고 가곤 했다. 때가 되면 낫겠거니 하거나 아니면 죽어도 어쩔 수 없다고 체념한 것 같았다. 평소 집 안을 쥐방울처럼 굴러다니던 나를 막내라서 특히 귀엽다고 하던 식구들이 냉담해진 것이 슬펐다. 그러면서 깨달았다. 아파봐야 나만 손해라는 것과 그 누구도 대신 아파줄 수 없다는 사실을.

그때 한 달도 넘게 결석했어도 꿋꿋하게 병을 떨치고 일어났다. 학교에 가보니 학급의 절반이 그동안 나처럼 아팠다는 것과 한 명은 영영 만날 수 없게 되었다는 것을 알게 되었다. 그때 이후로 병에 걸렸던 기억이라고는 없다.

그런 내가 올봄에 지독하게 앓고 말았다. 온몸이 춥고 떨리고 목

이 쉬고 기침이 나는 독감 증상 외에도 기분이 울적하고 매사에 의욕이 뚝 떨어졌다. 언제나 씩씩하던 내가 불면에 시달리며 밥도 못 먹고 수액 주사에 의존할 지경이 되니까 지난날의 홍역치레가 떠올랐다. 홍역은 일생 한 번만 앓는 것이 특징이라지만 어쩐지 다시 도진 것 같았다. 홍역은 바이러스가 옮긴다는데 어떤 바이러스를 만난 것일까?

그건 로맹 롤랑의『장 크리스토프』를 읽다가 나를 쓰러뜨릴 만한 내용을 발견했기 때문이었다. 불멸의 음악가 장 크리스토프는 네 살 때부터 작곡할 만큼 재능이 있었다. 궁정 악장인 할아버지가 그의 음악적 천재성을 발견하고 칭찬을 일삼자 크리스토프는 우쭐하게 된다. 그런 크리스토프에게 영향을 준 또 다른 사람이 있다. 외삼촌 고트프리트이다. 그는 곱사등이에다 장돌뱅이로 세상을 떠돌아다닌다. 어쩌다 여동생 집에 들르면 어린 크리스토프와 함께 강가에 나가 소리를 듣는다. 물소리, 바람 소리, 귀뚜라미 울음소리, 두꺼비 울음소리……. 해 질 녘 석양 아래 그는 신비로운 노래를 부른다. 그 노래를 들은 크리스토프는 감동에 빠져 숨을 쉴 수가 없다. 느슨하고 단순하며 미숙하면서도 중후한 노래이다. 나지막이 부르는 삼촌의 노래는 단조로운 가락으로 결코 서두름이 없다. 그러면서도 긴 침묵을 느끼게 한다. 지금까지 들어왔던 유명한 궁정 작곡가의 음악과는 전혀 다르지만 삼촌의 노래는 이상하게도 평온을 가져다준다. 한편 고뇌를 느끼게도 한다.

노래를 듣고 크리스토프는 삼촌을 달리 생각하게 된다. 사람들은 장돌뱅이라고 무시하지만 조카에게 고트프리트는 높게 보인다. 어느 날 크리스토프는 자신이 작곡한 음악을 삼촌에게 들려준다. 자랑하고 싶은 것이다. 조카의 곡을 듣자 고트프리트는 이렇게 말한다.

"시시하구나, 안됐지만! 왜 그런 것을 지었지? 정말 시시한걸! 누가 억지로 지으라고 하지도 않았을 텐데 말이다."

삼촌의 이런 평가를 듣고 크리스토프는 얼굴이 시뻘게져 할아버지가 칭찬한 곡이라고 항변한다. 삼촌은 다시 말한다.

"넌 단지 쓰기 위해서 쓴 거야. 훌륭한 음악가가 되려고 남에게 칭찬받으려고 쓴 거야. 넌 오만했어. 넌 거짓말을 했지. 그래서 벌받은 거야……."

바로 이 대목이다. 고트프리트는 음악에 대해 말했지만 혹시 나의 글을 본다면 이렇게 말할 것 같다.

"시시하군요. 왜 그런 글을 썼지요? 남에게 칭찬받으려고요? 세상에 이미 글이 많은데 무엇하러 또 쓰는 건데요? 예술은 모쪼록 겸손하고 성실해야 합니다."

이런 생각에 자괴감을 느끼는 동안 바이러스는 나의 폐부에 더 깊이 침투한 듯 독감 증상이 시시각각 심해졌다. 나는 삶의 의미를 찾는다고 글을 쓰지만 누군가의 눈에는 역시 허망하게 보일 것이리라. 허영심으로 또는 자만심으로 쓰는 것이라고 지탄할 사람이 없지 않을 것이다. 이런 생각 때문에 건강의 화신처럼 튼튼하던 내가 끙끙 앓고 있다. 기운을 차릴 수가 없다.

처음 걸렸던 홍역을 잘 극복하고 씩씩하게 살아왔던 것처럼 이 두 번째 홍역을 이기고 나면 혹시 성숙한 글을 쓰게 되지 않을까? 넓은 안목으로 삶을 역설할수 있는 글을 말이다.

# 왕관을 쓴 아이

## 로렌스 스턴『트리스트럼 샌디』

보름달처럼 훤한 아이가 엄마 품에 대롱대롱 매달려 왔다. 젖살이 통통하게 찐 모습이 듬직한 장군감이었다. 백일을 갓 넘겼다는데 표정도 제법 어른스러웠다. 이들은 아이 엄마의 산후 정기 검진을 위해서 왔다. 산모도 아이처럼 건강하기 이를 데 없었다. 엄마가 진찰받는 동안 잠시 품에서 내려놓은 아이를 냉큼 안아보았다. 몽실몽실한 살집과 보드라운 피부, 방긋방긋 웃는 미소까지 아이의 온몸에서 생명력이 뻗어 나오고 있었다. 그런데 아이의 뒤통수에 흰 줄이 동그랗게 그어져 있는 게 아닌가? 자세히 들여다보니까 그 부분에만 머리털이 자라지 않아 하얗게 자국이 생긴 것이었다. 흔히 볼 수 없는 것이라 신기해서 무슨 자국인지 아이 엄마에게 물어봤다.

사연인즉 그랬다. 미국에서 아이를 낳았는데 겸자(forcep)를 사용했다는 것이다. 아기가 무척 컸는데 어떻게든 제왕 절개술을 피하고 자연 분만하게 해달라고 부탁했더니 겸자 분만을 권하더란다. 분만을 받아 준 여의사는 나이 지긋한 한국 사람이었는데 꼭 한 번만 겸자를 써보고 실패하면 제왕절개를 해야 한다고 다짐을 받았다고 했다. 그 의사는 자기나 되니까 겸자를 쓸 줄 아는 거지 다른 의사라면 어림도 없다고 생색을 내었다고 한다. 그렇지만 그 단 한 번의 시도로 4킬로그램이 넘는 우량아가 무사히 세상에 태어나게 된 것이다.

아이 엄마는 머리카락이 끝내 자라지 않아 영구히 겸자 자국이 남으면 어떡하느냐고 걱정했다. 종종 출산 때 입은 손상 흔적을 가진 아이를 보았으므로 나로서도 알 수 없는 노릇이었다. 무슨 말을 해야 할지 잠시 망설이다 "아무렴 어때요. 아기가 왕관을 쓴 모습이네요"라고 말해줬다. 그 말이 좋았던지 아이 엄마는 함빡 미소 지으며 돌아갔다. 그들이 떠난 후에도 내내 겸자 자국을 가진 녀석의 모습이 눈앞에 어른거렸다. 한편 최근에 하도 재미있어서 웃다가 몇 차례나 눈물이 날 뻔했던 영국 소설『트리스트럼 샌디』가 떠올라 다시 펼쳐 보았다.

"도련님의 코를 위한 브리지인걸요. 의사가 그 몹쓸 기구(겸자)로 도련님을 끄집어내다가 코를 찌부러뜨려 얼굴에 코가 팬케이크처럼 납작 붙어버리는 바람에 코를 높이기 위해 지금 헝겊 조각과 수잔나의 코르셋에서 뺀 얇은 고래 뼛조각으로 가짜 브리지를 만드는 중이랍니다."

여기에서 도련님이라 불리는 트리스트럼 섄디가 태어나는 과정에는 많은 우여곡절이 있었다. 아버지 월터 씨는 무엇이든 일상적인 안목으로 보는 법이 없이 항상 독특한 견해를 갖는 사람이라 아내의 출산일을 앞두고 분만에 대한 전문 서적을 읽기에 이른다. 그리고 심히 놀란다. '태아의 머리는 부드럽고 유연한 상태인데 강한 진통을 느낀 산모가 이것을 이기려고 수십 킬로그램에 달하는 무게의 힘을 수직으로 내리누르는 바람에 태아의 머리는 장방형 원추 모양으로 굳어져 과자 굽는 사람이 파이를 만들기 위해 둥글게 밀어놓은 밀가루 반죽과 비슷한 모양이 된다'는 사실을 알게 된 것이다. 아버지는 그 힘이 태아의 정수리에 가해지면 압력을 받은 대뇌가 지성이 자리 잡고 있는 소뇌 쪽으로 밀리게 된다는 점을 생각하고 두려움에 사로잡힌다.

"이렇게 큰 충격을 견딜 영혼이 어디 있겠는가? 결국 지성의 그물 조직은 해지고 누더기가 되어 아무리 훌륭한 두뇌라 해도 헝클어진 비단 실타래만 못하게 되어 그 내부는 온통 혼란에 빠져 뒤죽박죽되고 말 것이다."

고심에 빠진 아버지 월터 씨는 아내에게 제왕 절개술을 받자고 권한다. 물론 산모는 거절한다. 그뿐만 아니라 아이는 잘 꺼낸다 하더라도 제왕 절개술로 산모가 사망한 일련의 사례를 읽어보고는 그 역시 이내 포기하게 된다. 그래서 아내가 부른 산파에다가 안전하게 분만을 도와줄 의사를 추가로 선택한다. 이 의사 슬롭 씨가 자신이 새로 개발한 겸자를 사용했다가 샌디의 코를 주저앉히게 된 것이다. 코가 한 남자의 운명과 성격 형성에 지대한 영향을 미친다고 생각하는 아버지는 격노한다. 하지만 출산 과정에서 죽도록 시달린 아이가 살지 못할 것 같다는 소식을 듣고는 부랴부랴 세례받을 준비를 한다. 아버지는 아이의 이름을 이집트 신의 이름에서 딴 우아한 '투리스미지스투스'라고 지었으나 너무 길고 어려운 나머지 하녀가 목사에게 대충 트리스트럼이라고 전한다. 트리스트럼(Tristram)은 라틴어로 슬픔을 뜻하므로 이름에는 도저히 어울리지 않을 뿐 아니라 평소 월터 씨가 제일 싫어하는 단어였는데 말이다. 이렇게 태어난 아이가 트리스트럼 샌디이다. 그는 나중에 창문 밖으로 오줌을 누다가 위층에서 창문틀이 떨어져 중요한 부분에 상처를 입는 사고를 겪는 등 삶에 수난이 끊이지 않는다. 그러나 누구인들 삶이 순탄하기만 하랴. 이렇게 여러 가지 우스운 역경들을 나열하면서 세상을 풍자하는 것이 이 소설 내용인데 특히 종교와 과학에 대한 비판이 많이 포함되어 있다. 작가 로렌스 스턴은 목사이면서 직업에 어울리지 않게 외설적인 작품을 쓴다고 세간의 화제가 되었다는데 이 작품은 당시 엄청난 판매 부수를 올리며 인기를 끌었다고 한다.

산부인과 수업 시간에 나도 겸자를 본 적이 있다. 커다란 주걱을 서로 맞붙여놓은 듯이 생겨 가운데가 뚫려있었다. 마치 엿장수의 가위를 휘어놓은 듯한 모양으로 좌우 한 쌍을 집게처럼 이용하여 아이 머리를 잡아당긴다. 산모가 너무 지쳐서 힘을 줄 수 없을 때나 혹은 고혈압, 녹내장을 가진 산모처럼 힘을 주어서는 안 되는 경우에 사용하여 아이 머리를 잡아 빼내는 것이다. 하지만 후유증으로 머리에 멍이 들거나 두피가 찢어지기도 하고 안면 신경 마비를 초래하거나 쇄골 골절이 생기기도 한다. 그런 이유에서 우리나라에서는 더는 겸자를 사용하지 않고 있다. 위급 상황에서 제왕 절개술을 손쉽게 할 수 있는 의료의 발전 덕분이다. 그 때문에 한국은 제왕 절개술의 빈도가 높은 나라로 손꼽히고 있다.

겸자는 그 역사에 대해서도 할 이야기가 많다. 겸자가 처음 사용된 것은 11세기경이었으나 당시에는 사산아에게만 사용되었다. 오늘날과 같은 겸자는 16세기에 영국에서 챔벌린(Chamberlen) 가족이 개발하여 자신들만 은밀하게 사용하였다. 1670년에 파리의 한 모임에서 챔벌린은 어떠한 산모라도 8분 만에 분만시킬 수 있다고 호언장담했다. 그래서 어느 꼽추 산모에게 겸자 분만을 시도했으나 분만에 실패했을 뿐 아니라 자궁 파열로 산모도 사망하고 말았다. 이 때문에 집안의 비밀인 겸자를 정부에 팔려는 그의 시도는 수포로 돌아갔다. 대신 챔벌린은 네덜란드의 의사에게 겸자를 판매하였다. 암스테르담의 그 의사도 겸자를 60년 동안 제자에게만 전수하여 겸자 분만은 오랫동안 신비에 싸인 분만법이었다고 한다.

세상의 모든 것은 순환하고 있으므로 이 순간에도 누구는 죽고 누구는 새롭게 태어나리라. 힘겨워 보여도 언 땅을 뚫고 새싹이 나오듯 생명의 탄생은 언제나 경이롭고도 오묘하다. 하물며 한 아이의 출산은 얼마나 수고로운 일인지. 겸자로 코를 찌부러뜨렸기에 망정이지 만일 아이가 엉덩이부터 나왔더라면 더 소중한 부분이 망가졌을 거라는 주장을 펼치며 분만에 대해 의학 서적에 없는 진기한 소리를 늘어놓는 책이『트리스트럼 섄디』이다.

# 4

# 내게 아주 특별한 당신

모자

능이버섯

나는 비트겐슈타인의 조카가 아니다

소개의 함정

참을성은 어디에서 나오는 걸까

사랑의 자양분

2,400년 전에

손 없는 날

기에요?

내게 아주 특별한 당신

아버지의 침묵

# 모자

어느 토요일 오후였다. 오전 근무 후에는 일찌감치 귀가하던 여느 주말과는 달리 약속이 잡혀있었다. 문학 공부 모임에서 발표 차례가 되었던 것이다. 공교롭게도 다음 날이 남편 생일이었다. 차질 없이 생일상을 차려주고자 일주일 전부터 시장을 드나들며 만반의 준비를 했다. 학생 시절 벼락치기 시험공부를 하듯 하룻밤만 새우면 생일잔치쯤이야 멋들어지게 치러낼 자신이 있었다.

"저 좀 늦어요."

아침에 집을 나서며 어렵사리 입을 떼었다.

내일이 잔칫날인데 늦으면 안 된다는 시누이의 단속에 가급적 일찍 오겠노라고 안심시켰다. 그러나 모임이란 내 맘대로 끝내는 게 아니다. 회원들은 모두 뒤풀이한다며 식당으로 몰려갔건만 나를 눈 빠지게 기다리는 시어머니가 계시다는 핑계로 얼른 자리를 피했다. 하지만 집에 돌아오자 내게 쏟아지는 소나기를 피할 수는 없었다. 남편을 비롯해 시어머니나 시누이 모두 입이 부어있었다. 저녁밥도 먹지 않은 채 나를 기다렸다나? 시계는 8시를 가리키고 있었다. 미안함과 민망함으로 재빨리 식탁에 앉으니 엊그제 구순을 넘긴 어머니의 지청구가 쏟아졌다.

남편 생일을 앞두고 네 볼일만 보러 다니면 되느냐? 내 귀한 아들이 이런 대접을 받아서 쓰겠느냐? 이런 꼴을 보려고 내가 오래 사는 게 아니다. 신혼 때는 곧잘 하더니 네가 완전히 변했구나. 어디 바깥에서 눈 맞은 남자라도 생긴 게냐?

온갖 억울한 소리를 듣고 있자니 노파심이라는 단어가 이해되기 시작했다. 나이가 들수록 걱정이 많아지니까 추측 가능한 상상력을 동원하시는 게지. 이 며느리가 아직도 매력적인 나이로 보이는 걸까? 그래도 돌아가시기 전에 내 진정성을 알아주시겠지.

눈물이 금방 떨어질 것 같았지만 밥상머리에서 울면 복이 달아난다니까 어색한 미소로 사죄했다. 그때 시누이가 얼른 끼어들었다.

"엄마. 그만 하세요. 올케도 알 거예요. 머리 하나에 모자 두 개를 못 쓴다는 걸."

와우! 이렇게 멋진 말을 형님은 어디에서 들었을까? 오래 전에 미국으로 이민을 떠난 시누이는 종종 서울에 다니러 오셨다. 모자를 빈번하게 쓰는 나라에 살아서 모자에 대해 잘 아는 것일까? 참말이지 때리는 시어머니보다 말리는 시누이가 더 밉다더니 그 한마디는 직격탄이었다.

그 순간부터 나는 머리에다 모자를 여러 개 쓰려는 우스꽝스러운 사람이 되어버렸다. 나야말로 모자에는 아무 관심이 없을뿐더러 모자가 상징하는 직위나 권위와 전혀 무관한 사람인데 말이다. 혹여 전문직을 가졌다는 게 현모양처의 결격 사유라도 될까 봐 가정에 충실하려 애썼던 내 삶이 송두리째 부정당하는 것만 같았다. 어찌나 억울하던지 신문고가 있으면 달려가 두드리고 싶은 심정이었다.

더욱이 내 머리는 골상학적으로 문제라도 있는지 어울리는 모자

라고는 없었다. 폐백 때 썼던 족두리조차 제자리에 붙어있지 않아 절을 드리는 순간 떨어져 버렸고 뙤약볕에 나설 때도 모자는 결코 챙기지 않았던 것이다. 이후로는 세상의 모든 모자가 꼴밉게 보이기 시작했다.

모자란 옛 테베의 무덤에서도 발굴되었다니 유구한 역사를 지닌 셈이다. 처음에는 머리의 보호나 방한을 위해 쓰기 시작했다가 점점 종교적인 목적이나 계급 표시를 위해 사용했을 것이다. 지금은 무엇보다 미적인 관점에서 맵시를 내기 위해 쓰이는 것 같다. 모자의 종류는 우리나라의 갓이나 사형수가 쓰는 용수를 비롯해 세계적으로 100여 가지도 넘는다. 18세기 파리에서 유행하던 모자는 머리 크기보다 세 배쯤 크고 꽃과 리본 같은 장식을 얹어서 화려하기 짝이 없어도 그걸 쓰고 싶은 마음이라고는 없다. 노인들이 머리숱이 없다거나 머리 손질을 제대로 하지 못해 감추려고 모자를 쓰는 건 이해하지만, 젊은 여성들이 멋을 위해 옷 색깔과 맞춰 모자를 쓰는 건 과잉 멋쟁이 같아 보기에 불편했다. 환자들이 운동모자를 쓰고 오는 경우에도 실내에서 답답해 보이기만 했다.

그런데 아주 최근에 이르러 새로운 생각을 하게 되었다. 나는 개원 후부터 줄곧 채워지지 않은 허전함을 느끼고 있었다. 온종일 환자를 만나고 치료해도 부족하다고 여겼다. 말하자면 의사라는 하나의 모자로 만족하지 못했던 것이다. 그와 다른 그 무엇을 원했다.

그 결핍을 채우고자 나는 글쓰기를 공부했고 작가라는 이름을 얻으려고 애를 써왔다. 마침내 수필가로 등단하고 문학 활동을 하

면서 큰 보람을 느꼈다는 것을 숨길 수 없다. 병원에서 환자를 돌볼 때보다 문인들을 만나는 시간이 더 행복했다고 한다면 결코 거짓말은 아닐 것이다. 결과적으로 작가와 의사를 병행하기 위해 내가 쏟은 노력이 두 개의 모자를 동시에 쓰려 했던 과한 몸짓은 아니었을까? 겉으로는 모자를 하나도 쓰지 않은 척 행세했지만 필경 나는 한 머리에 두 모자를 쓴 그로테스크한 모습이었으리라.

얼마 전에 미끄러지는 사고로 발목이 부러졌다. 입원하고 수술받고 고통스러운 시간을 보내는 동안 내 진료실이 무척 걱정되었다. 내가 없는 동안 환자들이 불편하지는 않을까? 내가 없어서 얼마나 서운하랴? 환자들 걱정에 나는 집도한 의사의 경고를 어기고 일찍 퇴원해 휠체어를 타고 목발을 짚은 채 진료하기 시작했다. 깁스한 불편한 모습에도 불구하고 환자들은 나를 찾아와주었다. 그때 나는 알았다. 나의 아픔을 치유해주는 사람이 바로 나의 환자라는 사실을. 내 발목 골절은 의사라는 내 본연의 모자를 더욱 소중하게 여기게 된 좋은 계기가 되었다. 그리고 이제 세상이 많이 바뀌었는데 모자를 두 개쯤 쓴들 대수랴!

# 능이버섯

## 허만 멜빌 『모비 딕』

검은색을 보면 어떤 느낌이 드세요?

무섭다고요? 엄숙하다고요? 무겁다고요? 죽음을 연상시키고 암흑을 떠오르게 하는 검은색은 무조건 피하고 싶다고요? 지옥의 빛깔이나 공포의 색깔 같죠? 어릴 적에 동화책을 펴 보면 천사는 항상 흰색이었고 악마는 검디검게 색칠해져 있었잖아요. 그래서 우린 흰색은 착하고 검정은 악하다고 믿기 마련이었어요.

그럼 밥상 위에 놓인 검은 음식은 어떻게 생각하시는지요? 콩자반, 김, 흑미, 다시마, 블랙베리, 오징어 먹물처럼 까만 반찬 말이에요.

이렇게 검은 음식은 우리 몸에 퍽 좋다고 하네요. 안토시아닌이라는 성분이 들어있어 콜레스테롤을 낮추고 항산화 작용으로 몸을 녹슬지 않게 한답니다. 노화를 방지한다고 검은 음식만 먹으면 영원히 죽지 않을 것처럼 요즘에는 블랙푸드를 권장하는 추세예요.

그런 검은 식품 중에 능이(能耳)버섯이 있어요. 능이는 늦가을 참나무 뿌리에서 자라는 큰 버섯이에요. 두꺼비처럼 울퉁불퉁하고 흉측한 표면에 표범처럼 얼룩덜룩한 무늬가 있지요. 대개의 독버섯

들이 알록달록하고 현란할 정도로 예쁜 색깔을 가진 것에 비하면 능이버섯은 모양새가 우중충하고 지저분해 보이기까지 하답니다. 하지만 일품 버섯이라고 해요.

버섯이란 참 이상한 음식이에요. 곰팡이의 일종이고 균주의 덩어리인데도 영양분을 가득 담고 있다니 말이에요. 음지에서만 자라는 버섯을 많이 먹으면 음흉한 성격이 될지도 모른다는 우려에도 불구하고 버섯은 건강식의 대명사로 불리잖아요. 고대인들은 '신의 음식'으로 여겼다고 하지요. 예를 들어 표고버섯은 비타민 D가 많아 골다공증을 막는다고 하고 남성의 상징물처럼 생긴 송이버섯은 소나무 향을 듬뿍 풍기며 정력제로 인정받고요. 프랑스의 송로버섯(트뤼프)은 품위와 우아함을 대변하며 부르는 게 값이라고 하지요. 빛을 피해 사는 어둠의 음식인 버섯이 식탁을 쥐락펴락한다니까요. 물론 능이버섯도 버섯계의 대부처럼 군림하고 있어요. 혹시 '일 능이, 이 표고, 삼 송이' 그런 말을 들어보셨어요? 송이처럼 비싼 버섯이 3위에 머무르는 반면 능이가 1위에 자리매김한다니 대단한 버섯인 게 틀림없어요.

능이에는 단백질을 소화시키는 효소가 가득 들어 있어서 마치 막힌 하수도를 뚫어주는 약품처럼 고기 먹고 체한 위장을 말끔히 씻어 내린다고 하지요. 또 눈길 위에 뿌리는 염화칼슘처럼 우리 혈관의 콜레스테롤을 녹여버리는 거예요.

이 능이버섯을 높이 쳐주는 이유가 혹시 새까맣기 때문이 아닐까요? 능이는 갓 땄을 때는 낙엽처럼 다갈색이지만 시간이 지나면 검게 변한답니다. 꼭 먹물처럼 불투명한 검은색이 끝 모를 심오한 건강을 불러다 주는 것처럼 여겨지거든요. 흰밥, 흰 국수, 설탕, 소금, 생크림처럼 하얗고 뽀얀 음식들이 건강에 해로운 경우가 많으니까 그에 대비되는 검은 음식은 좋을 것 같은 환상을 가져다준다니까요.

허만 멜빌의『모비 딕』에 주인공들이 모비 딕을 격렬히 추격하는 이유가 모비 딕이 바로 새하얀 고래이기 때문이라는 대목이 나와요. 흰색이 본질적으로 색깔의 부재인 동시에 모든 색의 융합일 수 있으므로 흰색이란 무심하게 텅 빈 듯해도 우주를 의미로 가득 메운 색깔이라 하지요. 그래서 무색인 고래의 흰색이 바로 배후에 관념이나 정신이 존재하지 않는 자연, 우주를 상징한답니다. 공허한 자연과 무색의 우주는 인간에게는 공포의 대상이 되지요. 인간에게 무감각한 자연의 실재는 견디기 어려운 것이라서 인간은 자연에다 자신의 경험과 주관적인 해석을 가할 수밖에 없는 거지요. 그런 이유로 하얀 고래와 대결을 벌인다는 게 그럴듯하지 않나요?

모비 딕의 하얀 의미가 경이롭듯 검은 버섯이 제게는 놀라움의 대상이었어요. 맨 처음 능이버섯을 먹어본 건 몇 해 전 상주의 절에서였어요. 세상에 그런 음식이 있을 줄 상상도 못 했는데 빛을 조금도 통과시키지 않겠다는 듯 결연한 검은빛의 새까만 버섯이 밥상 한가운데 놓였더군요. 죽죽 찢어 간장에 찍어 먹으면 고기보다 한결 맛

있고 씹히는 맛이 아삭하면서 무엇보다 몸에 좋다고 했어요. 그래요. 쌉쌀하고도 맛이 깊더라고요. 하지만 버섯이란 본래 자극적인 맛이 없이 밍밍한 게 특징이잖아요.

그때 능이버섯이라는 이름을 익혔는데 그것을 넣은 닭백숙이나 버섯전골을 파는 식당이 따로 있는 것도 알게 되었습니다. 그 후로 가을걷이가 끝난 추석 무렵이면 스님이 능이를 보내주기 시작했어요. 신문지에 꼼꼼히 싸인 버섯을 끓는 물에 데치면 물도 검게 변하는데 그 또한 기관지에 좋다고 버리지 말고 마시라고 하지요. 살짝 데친 능이버섯은 회로 먹고, 볶아 먹고, 겨우내 냉동실에 보관해 찌개마다 넣어 먹고…….

몇 해를 그렇게 능이버섯 덕분에 푸짐한 식단이 얻어졌답니다. 그런데 올가을의 사건이었어요. 능이버섯을 먹다 보면 그 불투명한 검은 살 사이에 하얀 반점들이 쏙쏙 박혀있는 걸 보게 됩니다. 흰색과 검은색의 대비가 어쩜 이리도 선명할까 감탄할 만큼 새하얀 물체가 점점이 박혀있거든요. 아마 버섯의 포자이거나 무늬일 거라고 생각했지요. 한데 그게 파리의 애벌레라는 거예요. 버섯을 보내준 스님이 벌레가 들어있어도 몸에 좋은 음식이니 말끔히 먹으라고 말하는 게 아니겠어요? 여태 맛있고도 귀한 음식이라 즐기고 감탄하던 능이버섯 속에 애벌레가 촘촘히 박혀 있다는 걸 알게 된 순간부터 능이버섯을 더는 먹을 수가 없게 되었답니다. 전설처럼 들어왔던 원효 대사의 해골 물 이야기가 있잖아요. 당나라로 가던 길에 바가지의 물을 맛나게 마셨는데 다음 날 깨어나 해골에 담긴 물이란 걸 알고는 소스라치게 놀라고 토했다지요. 모르고 마셨을 때는 감로수요 알고 마시면 시체 썩은 물이라나요? 마찬가지로 모르고 먹을 때는 건강식 버섯이었는데 알고 보니 애벌레의 본거지라니 어찌 그 음식을 맛나게 먹을 수 있겠어요? 스님들은 말하더라고요. 애벌레는 작은 고기일 뿐이고 사람들은 소나 돼지처럼 큰 고기도 노상 즐기지 않느냐고요? 글쎄요. 애벌레조차 건강식이라고 계속 먹을 수 있다면 참 좋을 텐데 사실을 알고부터는 능이버섯이고 안토시아닌이고 다 진저리가 난답니다. 원효 대사는 모든 것은 마음먹기에 따라 얼마든지 다르게 행동할 수 있다고 설파하시지만 그 마음 먹는 게 도저히 안 되는 걸 어쩌겠어요? 아마 제가 다시 능이버섯을 먹게 되는 날에는 원수도 사랑할 수 있을 것 같네요.

# 나는 비트겐슈타인의 조카가 아니다

## 토마스 베른하르트『비트겐슈타인의 조카』

일요일 오전.

집 안이 조용하다. 방문객이 아무도 없다. 그건 시어머니의 화투꾼 동료들이 모이지 않았다는 뜻이다. 휴일이면 꼬박꼬박 들르는 시이모님들과 시누이, 조카며느리까지 모두 결석이다. 어머니의 심심함이 권태로움으로 변하더니 차츰 우울의 그늘이 미간에 드리워진다.

"백화점에 구경 가실래요?"

어머니의 무료함을 곁에서 참아내지 못하는 내가 묻는다. 1분만 더 늦게 물었으면 어서 빨리 죽어야겠다는 어머니의 소망을 한 번 더 들었을 것이다.

이윽고 우리 둘은 쇼핑을 나선다. 현관 앞 거울은 우리를 사이좋은 모녀로 비춰준다.

백화점에서는 아무도 우리를 반기지 않는다. 구순의 노인과 산발한 아줌마가 뭘 소비해주랴 싶은지 묻는 말에 응대도 제대로 안 한다.

쇼핑하다 금세 심드렁해져 점심을 먹기로 한다. 지하 식당가에서는 입맛에 맞춰 무엇이든 골라 먹을 수 있다. 그런데 자리가 없다. 출산율이 저조하여 인구가 감소한다는 통계가 틀렸는지 지난여름에 비해 인파가 두 배는 늘었다. 몇 바퀴나 돌며 자리를 찾다가 간신히 구석 의자를 확보한다. 당장에 주저앉을 듯 기운 빠진 어머니를 앉혀두고 음식을 가지러 간다. 오랜 대기 끝에 냉면 두 그릇을 들고 와 보니 어느 여인이 어머니에게 말을 걸고 있다. 귀가 어두운 어머니가 모르는 사람과 대화를 나눌 리 없는데 걱정이다. 겨우 구한 자리에서 쫓겨나려는가 보다. 여인에게 무슨 일인가 묻는다.

내 귀는 뜻밖의 소리를 듣는다.

"밥 한 그릇 사주면 안 돼요?"

검은 돔바를 뒤집어쓴 그녀는 두 눈만 빠끔히 내보이며 그렇게 말한다.

도저히 이해를 못 해 뭐라고 했는지 다시 묻는다.

"냉면 한 그릇 사주면 안 돼요?"

전혀 예상치 못한 낯선 여인의 말에 놀라움과 더불어 공포가 생겨난다. 곁에서 내 옷자락을 잡아끌던 어머니가 무슨 일인지 묻는다.

"밥을 사달라네요."

어머니는 본래 나보다 겁이 무척 많은 분이다. 내 머리를 냉면 그릇속으로 누르며 쳐다보지 말라고, 대꾸하지 말라고 당부한다.

호기심 많은 나는 묻고 싶다.

무슨 일이냐고. 사지 멀쩡한 아낙네가 왜 밥을 구걸하느냐고.

사십 대 중반쯤 되었을까? 필시 나보다 젊을 것이다. 갈색 눈빛으로 내 눈을 직시하며 당당하게 밥을 사주면 안 되느냐고 묻는 그 야릇한 청유의 근원은 대체 무엇일까?

나는 어머니의 지시대로 냉면에 전념한다. 왜 이리 맛이 없지?

여느 때 외식과는 달리 지독히도 맛이 없다. 냉면을 사달라던 여

인은 다행히 시야에서 사라졌다. 내가 너무 차갑게 외면했던가?

하지만 나는 여기 있는 그 누구보다 그녀에게 밥을 안 사줄 작정을 한 사람일 것이다. 왜냐하면 지난주에 토마스 베른하르트의『비트겐슈타인의 조카』를 읽고 무분별한 적선에 대해 경계심을 가졌기 때문이다.

그 소설은 오스트리아의 철학자 루트비히 비트겐슈타인의 조카인 파울이 주인공이다. 파울 또한 비트겐슈타인처럼 철학자에다 수학자이지만 예술 쪽에 더 치우친 기인이다.

파울은 호숫가에 쪼그리고 앉아 구걸하는 아이를 보고 눈물을 흘린다. 실은 교활한 어미가 지나가는 사람들의 가슴을 아프게 하고 양심을 자극해서 돈지갑을 열게 하려는 구역질나는 단 한 가지 목적 때문에 그 아이를 트라운 호숫가에 앉혀놓았는데도 파울은 아이와 아이의 비참한 모습만 본다. 아이의 뒤에서 돈을 세고 있는 어미를 보지 않는다. 그래서 파울은 부끄러워하며, 즉 무기를 생산해서 치부한 비트겐슈타인 가문의 재산을 부끄러워하며 아이에게 100실링짜리 지폐 한 장을 준다.

남들은 상황 전체를 꿰뚫어 본 반면 파울은 상황의 피상적인 부분, 즉 아무 죄도 없는 그 아이의 비참한 신세만을 보았을 뿐, 배후에 서있는 야비한 그 어미는 보지 않는다. 또 자신의 선량함이 악하고 비열하게 이용당하고 있다는 사실을 보지 않는다. 그렇게 파울은 거액의 재산을 유리창 밖으로 내던지듯 가난한 사람들에게 퍼준다.

그와 절친했던 베른하르트는 파울의 천재적인 면모, 광기 어린 삶, 음악에 대한 열정 등을 기록했다. 비판력이 뛰어났던 파울은 세상과 조화를 이루지 못하고 파괴되어갔지만, 파울 덕분에 자신이 살 수 있었노라고 베른하르트는 그를 추앙하고 있다. 정신세계를 중시하던 파울은 막대한 유산을 소진하고 가족들에게 외면당하고 마지막에는 몹시 궁핍하게 살다가 정신 병원에서 최후를 맞는다.

만일 내가 파울이라면 밥 한 그릇을 원하는 여인에게 선뜻 돈을 내주었으리라. 냉면 한 그릇 값 7,000원이 아니라 그 몇 배의 돈을 건네주리라. 그런데 나는 비트겐슈타인의 조카가 아닌 걸 어찌하랴.

오히려 파울처럼 정신만 추구하고 물질을 하찮게 여기다가 초라한 말년을 살게 될까 봐 걱정하는 중이다. 나는 밥 한 그릇을 원하는 여인을 외면했을 뿐 아니라 끊임없이 의심하고 있다. 왜 우리일까, 그녀의 표적이 왜 하필 나와 시어머니일까 하는 의문을 갖고 그녀가 표면적으로는 밥을 구걸하지만 실제로는 먹거리에 정신없는 사람들의 지갑을 노리고 있는 거라고 의심한다. 착한 사마리아인을 찾아내는 중일까? 정신 병원에서 탈출한 사람일까? 그렇게 멀쩡해 보이는 신체를 가지고 구걸하는 것으로 미루어 어쩌면 그녀는 지금 연기력 테스트를 받고 있는지도 모른다. 냉면을 얻어먹는 순간 주연급으로 캐스팅될까? 더욱이 밥을 사달라는 것과 냉면을 사달라는 것은 천양지차다. 처음에 밥을 말했을 때는 오죽이나 배가 고프랴 생각했지만 냉면이라고 메뉴를 바꾸는 순간 동정심의 7할은 날아가 버렸다.

한편 우리 경제가 얼마나 형편없어졌기에 불특정 개인에게 밥을 사내라고 요구할 만큼 우리 사회가 무례하고도 암울해졌을까 생각하니 냉면 타래가 뱃속에 뭉쳐 오래도록 답답했다.

# 소개의 함정

위대한 철학자들도 전기와 후기를 나누어 자신의 이론을 홀딱 뒤집던데 나라고 삶의 방침을 바꾸지 말란 법은 없겠지?

나로 말할 것 같으면 사람끼리 엮어주는 걸 지상의 기쁨으로 여기며 살았던 사람이다. 대학생 때는 미팅 주선을 하느라 전화통을 붙잡고 늘어지기 일쑤였고 청춘 남녀만 보면 서로 짝지어주려고 애쓰며 살았다. 그렇다고 중매를 성사시킨 일은 한 번도 없지만 소개의 보답으로 커피는 여러 차례 얻어 마신 기억이 있다.

'좋은 사람들끼리는 서로 뭉쳐야 합니다'를 건배사로 애용하는 어떤 선배처럼 취향이 맞는 이들 사이에 다리 놓는 것을 큰 보람으로 여겼다. 어디 사람 관계에서만 그랬던 것이랴? 맛있는 음식점을 발견하면 남들에게 가보라고 권하길 좋아했고 감명 깊은 책을 읽거나 근사한 영화를 보고 나서 호들갑을 떨며 추천하는 게 나의 소일거리였다.

그런데 그게 다 무슨 소용이냐는 생각이 들기 시작했으니 이를 철학자의 회심(回心) 정도로 여길 만하지 않은가?

엊저녁만 해도 통화하다가 이를 꽉 깨물어야 하는 순간이 있었다. 친구의 아버지가 새벽 운동을 나가다가 어지러워 자리에 누우셨다는데 혈압이 200까지 치솟았단다. 동네 의원에서 중풍의 기색이 있다며 MRI를 찍어보라고 권했다는데 반드시 그래야 하는가를 물어왔다. 고교 동창인 그 친구는 하루에도 두어 번씩 통화하는 절친한 벗이므로 그녀의 아버지 또한 남 같지 않은 분이다. 동네 의원에서 써준 진료 의뢰서를 가지고 대학 병원으로 가겠다는 대목에서 하마터면 잘 아는 신경과 의사를 소개하겠다는 말이 튀어나올 뻔했다.

그러나 소개하지 않기로 작정한 지 얼마 되지도 않았는데 벌써 결심을 어길 수는 없는 노릇이었다.

소개의 곤혹스러움을 크게 깨달은 것은 바로 의료 사고를 통해서다. 5년 전에 시아버지가 외과 시술 중 허망하게 돌아가셨다. 전

직 경찰관이었던 아버님은 강건한 체질이라 신분증에야 85세로 적혀 있어도 스무 살은 적어 보였다. 걷기가 최고의 운동이라며 올림픽 공원을 서너 바퀴 돌고 오던 분이 갑자기 절뚝이기 시작했다. 한쪽 다리가 저리고 아프다는 것이었다. 육안으로도 아무 병변이 없었으나 진찰받아보니 정맥 혈전 전색증이었다. 마침 이종사촌 동생이 근무하는 병원의 과장님이 그 분야의 권위자라기에 즉각 소개받았다. 까마득히 멀리 잡힌 수술 예약 날짜도 단숨에 당겨 그날로 입원이 가능했다. 치료 방법은 액와 정맥으로 카테터를 삽입하여 다리의 혈전을 간단히 제거하는 것이라고 했다. 이례적으로 수련의를 시키지 않고 과장님이 직접 시술해주었다. 그러나 걸어서 병원에 들어간 아버님은 다시는 집에 돌아오시지 못했다. 카테터가 심장을 관통해버렸다는 것이었다. 심근 막에 피가 차는 동안 뇌로는 피가 가지 못해 아버님은 식물인간의 길로 접어들었다. 중환자실에서 호흡기에 의존하다가 3개월 후에 사망 선고를 받았다. 희귀한 의료 사고 사례라면서 과장님은 자신의 실수를 인정했다.

"소개받은 환자라 잘 해드리려고 했던 것이……." 더는 말을 잇지 못했다.

마찬가지로 과장님을 소개한 사촌 동생도 우리 식구의 얼굴을 마주 대하지 못했다. 인명은 재천이라 했거늘 어찌 소개한 사람을 탓하겠는가마는 그 누구의 고의도 아닌 이런 일 앞에 서로 민망한 느낌만은 어쩔 수가 없었다.

얼마 전에 아침 댓바람부터 모르는 번호의 문자가 도착했다. '소개한 병원에 가면 카드 결제가 될까요? 금액은 얼마죠?'라고 적혀 있었다. 인사말도 거두절미한 느닷없는 질문에 정신 차리고 생각해 보니 고령 산모가 보낸 문자였다. 초음파로 다운 증후군이 의심되어 함께 걱정하다 어렵사리 대학 병원에 양수 검사를 예약시켜주었는데 이런 질문을 해오다니……. 의사가 무슨 거간비라도 챙기는 양 생각한 것일까?

또 고교 은사님의 소개로 지난여름 폭우 중에 찾아온 어떤 환자 이야기도 하고 싶다. 그녀의 차가 빗길에 미끄러져 주차장에 서있던 내 차와 부딪히게 되었단다. 펜싱 칼로 팔을 그은 것처럼 내 차 옆구리에 꽤 심각한 자국을 새겨놓았다. 그러고도 소개한 분의 이름만 되풀이하면서 없던 일로 해달라고 사정했다. 자동차 보험에도 가입하지 않았다니 딱하기 짝이 없었다. 은사님만 아니었다면 원칙대로 대응했을 일인데 나는 죄인처럼 말도 제대로 못 하고 여태 흠집 난 차를 끌고 다닌다. 대체로 소개받고 온 환자들은 무조건 특혜받기를 원하는 마음이 엿보일 때가 많다.

마찬가지로 내가 누군가에게 환자를 소개했을 경우 그 환자가 어디에 가서 내 이름을 드높여줄 만큼 훌륭하게 처신하리라는 보장도 없다. 그뿐만 아니라 나와는 취향이 잘 맞고 내가 좋아하는 사람일지라도 다른 이에게는 그렇지 않을 수 있다는 걸 생각해보면 소개 같은 건 아예 하지 않는 게 최선이라는 결론을 얻었다. 그런데도 왜 중신을 세 번 하면 천당에 간다는 속담이 생겨났냐고? 그건 중신으로 맺어진 남녀가 함께 살면서 매파에게 원망과 욕을 하도 많이 하기 때문이 아닐까? 이승에서 먹은 욕을 딱하게 여긴 염라대왕이 중신어미를 극락으로 가게 한 것이리라.

프랑스 계몽주의자 디드로의 소설『운명론자 자크』에 보면 자크가 어찌나 말이 많았는지 할아버지가 열두 살까지 입마개를 씌웠다는 대목이 나온다. 그 입마개가 어찌 생겼을까 궁금하기도 하지만 그것이 내게 꼭 필요한 물건이라는 생각이 든다. 이제는 입마개를 사서 쓰는 한이 있더라도 더는 소개하지 않으며 살고 싶다.

## 참을성은 어디에서 나오는 걸까

산부인과 진찰대에 누운 환자가 민망한 자세로 발버둥을 치기 시작한다.

"마취해주세요. 마취!"

5년 전에 끼운 피임 기구인 루프를 제거하는 순간이다. 그녀가 착용한 루프는 T자 모양에다 꼬리처럼 실이 매달려 있기 때문에 그 줄만 잡아당기면 된다.

하지만 그녀는 자신의 체질상 아픈 것은 조금도 참을 수 없다며 마취를 해달라고 수선을 피운다. 하도 요란하게 소리를 지르니까

밖에 있던 간호사까지 달려와 진정시켜 봐도 막무가내이다. 그간 여러 차례 성형 수술을 수면 마취를 통해 받아봤더니 하나도 아프지 않아 좋았다며 환자가 원하는데 왜 마취를 안 하는 거냐고 볼멘소리를 한다. 나로서는 루프 제거 시술이 워낙 쉽고 삽시간에 이뤄지는 것이라 마취해달라는 말이 터무니없게만 들린다. 그러나 결사적으로 버둥거리며 협조하지 않는 통에 결국 그녀에게 지고 만다.

비단 이 환자만 그러는 게 아니다. 참아보려는 일말의 노력도 없이 편한 것만 원하는 환자들이 점점 많아지고 있다. 루프를 끼울 때도, 뺄 때도, 작은 종기 하나 째려 해도 다짜고짜 수면 마취를 해달라는 사람 일색이다. 환자들은 몸에 대해 잘 모르기 때문에 공포심으로 떨기 마련이니까 찬찬히 설명해주어도 반응은 마찬가지이다. 얼마든지 돈은 낼 테니 아무것도 느끼지 못하도록 푹 재워달라고 조른다. 어쩌면 고통의 상징인 진통조차 무통 분만으로 해결한 현대 의학이 발전한 결과인지도 모른다.

이와는 대조적으로 잘 참는 이들이 따로 있다. 중국에서 한국으로 일하러 온 조선족의 경우, 의사를 감탄시킬 만한 인내심을 보여주곤 한다. 중국 루프는 금가락지 모양의 용수철로 환(環)이라 부

른다. 거기에는 꼬리가 달려있지 않다. 한 번 끼우면 영구적으로 쓰므로 뺄 때의 수고는 고려하지 않은 것이리라. 그러다 보니 환을 제거하기란 마치 호리병 안의 옥구슬을 꺼내는 일처럼 간단치가 않다. 그래서 조선족 환자만 보면 환을 빼러 온 걸까 봐 나도 모르게 긴장하게 된다. 기구로 환을 잡으려면 먼저 자궁 입구를 열어야 하는데 그 순간 환자가 느끼는 아픔은 가히 산고에 비할 만큼 고통스럽다. 어쩌면 통증으로 쇼크를 일으킬 수 있는 상황이므로 환자에게 마취를 선택할 수 있다고 알려준다.

그때마다 그들은 "일 없습네다. 몽혼(夢魂) 주사 없이도 참을 수 있습네다"라고 시원스레 답하곤 한다. 실제로 마취하에 환을 제거한 조선족 환자는 한 명도 없었다.

수 분 동안에 걸친 진땀나는 시술 끝에 드디어 환을 꺼내고 나면 그네들이 잡고 있던 진찰대 손잡이에 흥건히 고인 땀을 볼 수 있다. 여태 신음 소리 한 번 내지 않았건만.

이런 참을성은 어디에서 오는 것일까? 오직 어렵고 힘든 처지에서만 인내심이 발휘되는 걸까? 단군 신화에 100일간 쑥과 마늘만 먹고 견딘 곰 이야기를 보면 우리야말로 인내심을 타고난 민족 아니던가? 밭에서 일하다 아이를 낳고도 혼자서 마저 마무리를 지었다던 우리 어머니 세대의 삶은 인동초와 같다지 않던가? 오랜 세월 우리는 은근과 끈기를 자부하고 살았는데 요즘의 진료실 풍경을 보면 그런 미덕이 어디로 사라졌는지 궁금하다. 나야말로 덥다고 에어컨 온도를 와락 낮추고, 춥다고 히터 조절기를 훅훅 올리고 있으니 말이다.

# 사랑의 자양분

## 윌리엄 셰익스피어『십이야』

"제 고민 좀 들어주세요. 선생님."

눈부시게 아리따운 아가씨가 내 팔을 잡아끈다. 그녀에게 새로운 애인이 생겼단다. 2주 전부터 밤을 함께 지냈는데 오늘에야 그의 가슴팍에 빨간 반점이 수두룩하다는 걸 보았단다.

"이를 어째요? 그런 게 에이즈 증상이 아닐까요?"

두려움이 가득한 그녀의 눈동자가 하염없이 떨리는 걸 보니 어지간히도 에이즈 공포에 시달리는 것 같다.

"본인은 뭐라고 해요?"

내가 묻자 그 남자는 전부터 스트레스를 받으면 이따금 피부 발진이 났었단다. 그렇다면 에이즈는 아닐 성싶다. 내가 다시 묻는다.

"그 사람을 사랑하나요?"

그녀는 고개를 끄덕인다.

"그럼 그 사람이 가진 에이즈를 함께 나누는 건 어때요? 사랑이란 그런 거잖아요."

그녀는 펄쩍 뛴다.

"그 정도로 사랑하는 건 아니에요."

"그럼 그런 사랑은 언제 할 건데요? 더 좋은 사람이 나타나면요?"

그녀는 아무 대꾸도 않고 돌아간다. 이상한 의사한테 괜한 걸 물어봤다고 후회하는 듯싶었다.

그녀를 보내고 잠시 생각해보았다.

우리는 어떻게 사랑을 하는 걸까? 어떻게 나 아닌 타인에게 공감할 수 있는 걸까? 그 사랑의 힘을 어디서 얻는 걸까? 에너지원이 있어야 사랑의 감정을 유지하고 더 멋진 사랑을 구현할 수 있는 게 아닐까?

그때 떠오른 것이 셰익스피어의 『십이야』에서 오시노 공작의 대사였다.

"음악이 '사랑의 자양분(Food of Love)'이라면 어서 계속하오. 한껏 먹여줘. 과식으로 죽어도 좋소."

오시노 공작은 백작의 상속녀 올리비어에게 청혼했지만 그 사랑이 받아들여지지 않아 몸이 달아있다. 올리비어는 오빠를 잃은 슬픔으로 7년이 넘도록 세상과 담을 쌓고 있기 때문에 청혼 따위에는 관심이 없다. 공작은 애타는 사랑을 어떻게 해서든 이루기 위해 더 많은 자양분을 요구하는 중이다. 그래서 그는 자택에서 악사들에게 연주를 재촉하는 것이다. 나중에 다른 여자와 사랑이 이뤄지는

걸 보면 필경 그가 음악을 취한 효험이 있기는 있었으리라.

셰익스피어는 어떻게 음악이 사랑의 자양분이란 걸 알았을까? 『십이야』는 최근에야 읽었지만 나도 어릴 적부터 막연히 음악이 사랑의 소중한 자극제라 여겼던 것 같다. 내 곁에 언제나 음악이 흐르게 하려고 애쓰고 살았으니까. 이어폰이 없던 시절에는 이불 속에서 고물 라디오를 껴안고 식구들에게 방해되지 않으려고 조심하던 기억이 있다. 심지어 빈집에 음악을 틀어놓고 나가면 음악의 영혼으로 집이 가득 찰 것이라 믿었다.

한번은 그 음악 때문에 크게 핀잔을 들은 적도 있었다. 지금은 아파트마다 부엌에 라디오나 텔레비전이 구비되어 있는 게 보통이지만 내가 신혼일 때는 그렇지가 못했다. 따로 부엌 한 모퉁이에 작은 트랜지스터를 장만해놓고 밥상을 차릴 때마다 음악 감상을 하곤 했다. 어느 비 오는 일요일 아침에 소프라노의 스산한 곡조가 나오자 시어머니가 버럭 호통을 치셨다. 아침부터 여자가 청승맞은 노래를 부르다니 온 집 안의 복이 다 나가버린다는 것이었다. 아마도 가브리엘 포레의「진혼곡」이었을 것이다. 하는 수 없이 라디오를 끄고 말았지만 그런 정서적 차이가 어찌나 답답하고도 서운하던지 결혼생활이 진혼곡보다 더 슬프게 여겨졌던 기억이 난다. 그때는 한창 음악에 심취해 있었다. 희귀 음반을 사 모으고, 어려운 악보를 쌓아놓고, 연애편지마다 음악 이야기로 장식했던 시절…….

얼마 전에는 친정에 갔다가 이사를 앞둔 어머니가 버리려고 내다놓은 내 물건들을 보고 깜짝 놀란 일이 있었다. 왜 그토록 내게 소용없는 음악책이 많은 것인지? 화성이며 청음이며 작곡에 이르기까지 독학으로라도 음악 이론을 깨우치려고 꽤나 용썼던 적이 있었던가보다. 그만큼 음악에 매료되어 다가가고 싶었던 것이겠지. 되돌아보면 그 시절만큼 내 삶에 사랑이 넘쳐흘렀던 때가 다시없었던 것도 같다. 차이코프스키 선율에 한숨짓고 모차르트 한 소절에 심장이 터질듯이 동요되기도 했었지. 음악을 듣다 보면 박자에 따라 내 심장 박동이 빨라지기도 하고 느려지기도 했었으니까.

그러고 보니 요즘 세상일에 시큰둥해지고 아무에게도 흥미를 느끼지 못하는 까닭이 바로 음악을 열심히 듣지 않아서라는 생각이 들었다. 구태여 음반을 사지 않아도 얼마든지 컴퓨터에서 음악을 다운받아 들을 수 있게 된 이후로 어떤 음악도 절실하게 듣고 싶지가 않았다. 좋아하는 연주자의 독주회도 예전처럼 간절하게 가고 싶지 않게 된 연유도 얼마든지 유튜브에서 열어볼 수 있기 때문이었다. 컴퓨터의 편함과 흔함 때문에 음악에 대한 사랑이 사라지고 그 때문에 음악이 사랑에 주는 자양분을 잃어버린 것이 아닐까?

아, 이제라도 내가 좋아하는 음악을 마음껏 즐기며 남은 인생에 사랑의 자양분을 듬뿍 얻어야겠다.

# 2,400년 전에

플라톤 『향연』

병원 문을 열고 들어서니 대기실 소파에 비스듬히 누워있는 P 군이 보인다. 아니다. 이젠 P 양이라고 불러야 한다.

P는 그동안 호르몬제 치료를 받아왔던 트랜스젠더다. 일주일 전에 태국에서 성전환 수술을 받고 귀국하여 곧장 병원으로 왔단다. 수술 부위가 덧났는데 얼마나 아픈 건지 얼굴빛이 샛노란 데다 말조차 제대로 잇지 못한다.

남자에서 여자로의 성전환 수술은 그 반대보다 한결 수월하다지만 수술 부위를 볼 때마다 놀라움을 감출 수 없다. 남성 성기를 제거한 것은 물론이고 여성의 구조와 매우 흡사하게 재건하는 솜씨가 날로 발전하고 있다. 요즘은 자신의 장 점막으로 질부(膣部, vagina)를 만들어 성관계 시에 감각을 훨씬 좋게 한다는 것이다.

국내에서 수술받은 환자도 더러 있지만 대다수가 태국을 선호한다. 체류 경비와 비행기 값을 셈하더라도 비용이 적게 들고, 또 수술 결과에 대해 만족도가 높다는 것이다. 태국이 성전환 수술로 유명세를 치르는 이유는 그 나라가 주변 국가와 전쟁을 많이 치른 탓에 어릴 때부터 남아를 여장시키는 풍습에서 기인한다고 한다. 그로부터 성별 개념이 자유로워졌고, 더욱이 태국은 개인의 다양성을 인정하는 범위가 우리와는 차원이 다르다.

내가 처음 트랜스젠더라는 명칭을 본 것은 15년쯤 전에 요시모토 바나나의 소설『키친』에서였다. 주인공의 아버지는 아들이 어릴 때 엄마를 잃자 아이를 위해서 무엇을 할까 고민하다가 어머니가 되어 주기로 하고 성전환을 단행했다는 매우 기묘한 이야기가 들어있었다. 당시 일본은 그런 소재가 베스트셀러가 될 수 있었는지 모르겠지만, 우리로서는 받아들이기 참 어려운 정서였다. 그런데 그 무렵부터 진료실을 찾아오는 트랜스젠더들이 현저하게 눈에 띄었다. 요즘은 호르몬제 치료뿐만 아니라 호적 정정을 위해 진단서를 떼러 오는 이들도 날로 늘어가고 있으니 이들이 차지하는 숫자를 무시할 수 없다고 본다.

P의 경우는 결혼을 약속한 남자가 있다고 했다. 성전환 수술비도 그 남자가 다 대주었다는 것이다. 상처가 아무는 대로 결혼식을 올릴 예정이라며 아픈 중에도 머쓱한 웃음을 지어 보였다. 쉽게 이해할 수는 없지만 축하 외에 무슨 말을 하랴.

물론 트랜스젠더와 동성애자는 성격이 다르지만, P의 경우는 두 가지에 다 해당된다. 이들 성적 소수자에 대해 이미 2,400여 년 전에 플라톤이 납득할 만한 설명을 해주었다. 그의 저서 『향연』은 기원전 416년에 일곱 명의 연사가 에로스에 대해 토론을 벌이는 내용이다. 그 가운데 아리스토파네스의 주장은 이렇다. 오래전에 인간의 본성은 지금과 달랐단다. 우선 성별이 세 가지였다. 즉 남성과 여성만이 아니라 이 둘을 함께 가진 또 다른 성이 있어서 이를 남녀추니라 불렀다. 당시 인간은 팔과 다리가 각각 네 개씩이고 머리 하나에 얼굴이 두 개, 귀가 네 개 달렸으며 음부(陰部)도 두 개였다. 이들은 등과 옆구리가 원형을 이룬 모습으로 곧추 서있을 때는 두 방향 중

어느 쪽으로도 걸어 다녔지만 달리기 시작할 때는 마치 공중제비를 하는 것처럼 빙글빙글 돌아 여덟 개의 팔다리로 바닥을 디뎌가면서 재빨리 굴렀다는 것이다. 이렇게 힘과 활력이 엄청났기 때문에 그들은 신들을 공격하려고 했다. 그러자 진노한 제우스가 이들의 방종을 멈추게 하기 위해 인간을 둘로 나누어버렸다. 결과적으로 하나의 인간 본성이 두 개로 쪼개졌으므로 반쪽 각각은 나머지 반쪽을 그리워하면서 줄곧 만나려 한다는 것이다. 특히 남자–남자, 여자–여자로 구성되었던 인간보다 남녀추니에서 쪼개진 남자와 여자들은 성적 성향이 남다르다는 대목이 주목할 만한 점이다. 사실 플라톤 시대에는 성인 남성과 미소년과의 동성애가 보편적이었다니 그 관계를 정당화하기 위해 이런 성별 모델을 제안했던 게 아닌가 싶다. 하지만 이 모델로서 성적 소수자들을 이해할 수 있을 것 같다. 아니, 이해하여야만 한다.

진료실에서 만나는 트랜스젠더들은 거의가 불안정한 눈빛으로 주변을 잔뜩 경계하며 자신감이라고는 하나도 없이 위축된 모습을 보인다. 성을 바꾸려는 과정에서 가족의 거센 반대와 주위의 싸늘한 시선에 시달려왔음이 틀림없다. 조금만 캐물어 보면 다른 병원에서 냉대받고 거절당했던 경험을 털어놓곤 한다.

이 세상에 나와 똑같은 사람은 아무도 없을 것이다. 서로서로 생각이 다르고 느낌이 다르고 삶의 방식이 다른 법이니까. 우리가 타인의 취향이나 선택을 존중해준다면 그만큼 자신도 남에게 이해받고 인정받으며 살 수 있을 것이다. P 같은 이들이 사회에서 불이익을 당하지 않고 행복하게 잘 살기를 기원한다.

# 손 없는 날

오랜만에 A 여사가 왔다. 언제나처럼 딸과 동행했다. 학생 때부터 생리통으로 드나들었던 여사의 맏딸은 어느덧 아이 엄마가 되어있었다. 모녀의 방문으로 진료실이 환해졌다. 손가락 사이에 알사탕만 한 에메랄드가 번쩍이는 여사는 여전히 화려하고도 우아했다. 몇 년 만에 보아도 변치 않고 활기찬 여사의 젊음의 비결이 무엇인지 궁금했다. 특히 주름 한 줄 없이 팽팽한 얼굴이 신기했다.

전에는 병원 근처에 살아 자주 얼굴을 보았지만 이사 후에는 뜸했다. 건설업을 하는 남편이 손수 큰 집을 지어 출가한 두 딸의 가족까지 온 가족이 모여 산다고 했다. 장남이 유학을 다녀왔어도 취업이 안 되어 걱정이라고 말하지만 여사에게는 그다지 문제가 아닌 성싶었다. 독립할 나이가 되어도 부모에게 경제적으로 의지하며 사는 자식을 '캥거루족'이라 부른다는데 A 여사 경우는 캥거루 엄마 노릇을 자청하는 듯이 보였다. 함께 사는 동안에는 손자의 유치원비까지 감당하겠노라 활짝 웃는 A 여사는 이 시대의 진정 행복한 부모 같았다.

이번에 딸에게 둘째 아이가 생겨 병원을 찾아왔단다. 멀리서부터 왔다니 더욱 반가웠고 또 크게 축하해주고 싶었다. 하지만 나쁜 소식을 전해야만 했다. 월경이 멎은 지 두 달이라고 해서 건강한 임신을 기대했건만 초음파 소견은 그렇지가 못했다. 태아 심음이 감지되지 않는 계류 유산으로 진단되었다. 이런 경우는 소파 수술이 불가피했다. 아직 씨앗에 지나지 않는 단계일지라도 한 생명의 사멸을 전해야 하는 이런 때가 의사에게 가장 피하고 싶은 순간이리라. 새하얀 얼굴의 얌전한 산모는 말없이 눈물을 뚝뚝 흘렸다. 모녀는 수술 준비를 하고 다시 오겠다며 어깨를 축 늘인 채 돌아갔다. 착한 우리 딸에게 왜 이런 일이 생겼냐고 따져 묻던 A 여사는 계류 유산이란 산모 탓이 아니라는 점과 원인 없이 누구에게나 흔히 찾아온다는 설명이 그나마 납득이 갔던가 보다.

그러나 하루, 이틀, 사흘이 지나도 그들 모녀는 나타나지 않았다. 궁금한 마음에 연락해보려다가 딴 병원으로 갔으려니 하고 참았다. 예전에는 단골 환자였어도 이제는 멀리까지 간 마당에 꼭 내게 오라는 법도 없지 않은가. 세상에는 크고 시설 좋은 병원도 많으니 굳이 우리 병원에 오고 싶지 않을 것도 같았다.

그렇게 일주일이나 지나 A 여사를 잊을 무렵 불현듯 모녀가 나타났다. 여사의 큰딸은 얼굴이 벌겋게 상기되어 있었다. 하혈도 있고 배가 많이 아파 제대로 걷지도 못했다.

왜 이제야 왔느냐고 다그쳐 물으니 우물쭈물 대답을 미뤘다. 아마 유산이라는 내 진단이 믿기지 않아 시간을 끌었나 보다 이해하고 얼른 수술 준비를 시켰다. 그때 A 여사가 내 팔을 잡아끌더니 속삭이듯 귀에 대고 말했다.

"이렇게 중대한 수술을 아무 날에나 받을 수는 없지 않겠어요? 그래서 '손 없는 날'을 받아 온 거예요."

이 날, 저 날 다 고르다 음력으로 20일인 오늘에야 오게 되었다

나? 물론 나도 이사할 때에 '손 없는 날'을 꼽아보라는 소리는 들어 보았다. 음력으로 끝수가 1·2일인 날에는 동쪽, 3·4일인 날에는 남쪽, 5·6일인 날에는 서쪽, 7·8일인 날에는 북쪽에서 귀신이 활동한다고 한다. 단지 9·10일에는 그 어떤 방향에도 악귀가 없어 이사를 이날에 맞춰 한다는 것이다. 하지만 수술 날짜에 이를 적용하는 A 여사가 놀라웠다. 더구나 계류 유산이라면 죽은 태아 조직에서 나쁜 독소가 나와 패혈증과 같은 전신 감염이 우려되는 응급 상황인데 말이다. 환자의 심각성을 알려주지 않은 내 탓인 것만 같아 알겠노라고 고개를 끄덕였다. 그러나 A 여사는 거기서 그치지 않았다. 나를 붙들고 묻기 시작했다. 앞으로 열흘 후면 윤달이 시작되는데 그때까지 수술을 미루면 어떻겠느냐는 것이었다. 윤달에는 신들이 모두 휴가를 가기 때문에 어떠한 흉한 일을 해도 화가 미치지 않는다면서.

"뭐라고요?" 버럭 나도 모르는 사이 고함이 목구멍을 뛰쳐나갔다. 딸이 유산해서 열이 나고 배가 아픈 이 마당에 귀신 타령이나 하는 A 여사에게 절로 화가 솟구쳤다. 여태까지 미소만 짓던 내가 고함치자 A 여사는 멈칫하며 순순히 나를 수술실로 보내주었다.

무사히 수술을 마치고 창가에 쏟아지는 햇살을 바라보다가 나는 잠시 생각에 잠겼다. 어쩌면 A 여사의 삶의 방식이 옳고 내가 그른 건 아닐까? 정해진 운명 따위는 없다고 믿는 나, 오직 노력하는 자만이 성취하는 거라 믿는 나는 어떤 풍랑 가운데에서도 노를 멈추지 않고 바다를 헤쳐 나가려는 뱃사공처럼 삶의 노정에 무모하기만 했던 것은 아닐까? 과학의 이름 아래 귀신이나 사주 따위는 없다며 거리낌 없이 행동했기 때문에 크고 작은 화를 자초했던 건 아닐까? 어쩌면 방위도 살피고 날짜도 헤아리며 납작 엎드려 매사에 더욱 조심하며 살아야 하지 않았을까? 반면에 세월이 흘러도 늙지 않고 풍족하게만 보이는 A 여사는 하늘의 복을 독점한 귀부인처럼 느껴져 부럽기만 했다.

# 기에요?

초등학교 때 무섭기로 소문난 호랑이 선생님이 있었다. 우리 아버지 연배인 선생님은 큰 키에다 검은 테의 도수 높은 안경을 쓰고 헛기침을 자주 하였다. 그분은 잠시도 손에서 회초리를 내려놓는 법이 없었다. 오직 매만이 아이들을 바른길로 이끈다는 것이 선생님의 소신이었다.

6학년으로 올라가던 날 제발 담임 선생님이 바뀌기를 밤새 기도했다. 하지만 아무런 보람도 없이 5학년 때와 똑같이 호랑이 선생님의 반으로 배정되었다. 그리고 그해에도 역시 체벌의 나날이 이어졌다.

폐품을 가져가지 않았거나 수업 시간에 떠들다 걸려서 얻어맞곤 했다. 하지만 억울하게 벌을 받은 쓰라린 기억도 많다. 그중에서 1학기가 끝나는 날의 일이다. 선생님은 선심을 쓰며 이번 여름 방학에는 숙제를 내주지 않겠노라 공표했다. 우리들은 기쁜 나머지 입을 모아 "정말이요?"라고 환호성을 질렀다. 그러자 선생님의 기다란 얼굴이 온통 붉어지더니 손에 든 몽둥이로 교탁을 두드리기 시작했다. 그럼 선생님이 거짓말을 하는 줄 아느냐는 것이었다. 어른이 말

씀하시는 데 진위를 따지는 건 대단히 불손한 죄에 해당한다고 한바탕 호통을 치셨다.

우리들에게 도로 방학 숙제가 잔뜩 주어졌고 학급 모두 책상 위에 올라 무릎을 꿇은 채 두 손을 들고 기합을 받았다. 그때 나는 정말이냐고 묻는 말이 고통을 가져온다는 점을 깊이 새겼다. 나중에 커서 누군가에게 사랑 고백을 받았을 때도 영화 속 여주인공처럼 눈을 깜박거리며 정말이냐고 물어보지 못했다. 영원히 사랑한다는

그 말을 무조건 믿었다가 믿은 만큼의 상처를 입어야 했다.

그렇게 호된 교육 덕분에 나는 정말이냐는 말을 절대로 입에 올리지 않는다. 그런데 참 불공평하게도 거꾸로 그 질문을 자주 듣는다. 진료실에서 두 눈을 동그랗게 뜨고 정말이냐고 묻는 환자들이 많은 까닭이다. 그중에서도 내 말끝마다 "기에요?" 하고 후렴을 붙이는 사람들이 있다. 이들은 영락없이 조선족이다. 특히 연변이 고향인 사람들은 경상도 사투리와 똑같은 억양으로 말한다. 박경리의 『토지』에 나오는, 경상도를 떠나 간도에 정착한 사람들의 후예라는 생각이 절로 든다. 이들은 '기에요' 하면서 가운데 '에' 자에다 악센트를 붙이며 길게 늘이는 특유의 억양을 가졌다. 그 소리는 내 귀에 꼭 이죽거리는 것처럼 들린다.

'아니, 이 사람이 속고만 살았나? 왜 자꾸 정말인가 확인하는 거지?' 한때는 나도 호랑이 선생님처럼 와락 화가 치밀었다. 그렇지 않아도 의사소통이 어려워 설명을 여러 차례 해줘야 하는 조선족이 빨리 진료실에서 나가주었으면 하는 바람과 함께 우리 병원에는 우리나라 환자만 왔으면 좋겠다는 속 좁은 생각을 하곤 했다. 오랜 경험 후에야 그네들이 공통적으로 그런 표현을 습관처럼 사용한다는 것을 알게 되었다. 그러니까 사실 여부를 묻는 것이 아니라 내 말에 대한 호응으로 장단을 맞추듯 "기에요?"라고 한다는 것을.

멀리 고향을 떠나 한국으로 일하러 온 조선족들은 그 무엇보다 건강에 관심이 많다. 아마 자신의 육체가 가장 큰 재산이기 때문일 것이다. 워낙 긴장하고 사는 터라 도통 아프지 않을 것 같지만 혹시 작은 통증이라도 느껴지면 예민하게 반응한다. 큰 병을 얻은 걸까봐 필요 이상의 걱정을 한다.

오늘도 예쁘장한 연변 처녀가 찾아왔다. 사타구니에 멍울이 생겼다며 걸음을 절뚝거렸다. 식당에서 무거운 걸 들고 오랫동안 서서 일했더니 통증이 심해졌단다. 말끝에 암이 아니겠냐고 조심스럽게 염려를 내비친다. 진찰해보니 서혜부 임파선염이다. 과로하거나 면역성이 저하될 때 임파선염은 흔히 생길 수 있다. 그녀에게 암과는 아무 상관이 없고 염증일 따름이라고 설명하자 어김없이 "기에요?" 라고 묻는다.

그렇다고, 사실이라고, 걱정하지 말라고 안심시켜도 몇 번이나 되묻는지 모른다. 이제 나는 "기에요?"라는 그 불손한 말투에 더는 화가 나지 않는다. 오히려 더 확실하게 답해주려고 기를 쓴다.

# 내게 아주 특별한 당신

비스와바 쉼보르스카 「두 번은 없다」

"저처럼 자주 병원에 오는 사람이 또 있나요?"

이렇게 묻는 환자들을 더러 만난다.

내가 보기에는 그다지 자주도 아니고 어쩌다 한 번 치료받는 것 같은데 본인은 자못 심각하게 생각하는 것 같다. 주로 가려움증이나, 헤르페스 감염, 오줌소태처럼 툭하면 도지는 병으로 내원하는 이들의 질문이다.

나는 얼른 대답한다.

"그럼요. 대기실의 환자분들이 거의 다 그래요. 일 년이면 열두 번도 더 재발하는 걸요."

거기에다 약간의 과장도 보탠다. 진료 기록부가 백과사전보다 더 두꺼운 이가 있다는 둥, 아침저녁으로 하루에 두 차례씩 치료받는 이도 상당하다는 둥.

그러면 내 장황한 설명에 질렸는지 그네들은 질문을 거두고 더는 묻지 않는다. 그래서 나는 내가 썩 흡족한 답변을 하는 줄로만 알았다. 자신보다 증상이 더 심한 사람이 많다는 사실만큼 위안을 주는 것이 달리 없을 것 같았다. 남들도 나처럼 아프다면 얼마나 안심이 될 것인가. 그러기에 동병상련(同病相憐)이라는 말도 있지 않은가.

또한 질병이 흔할수록 좋은 치료법이 빨리 생겨 완쾌되리라는 안도감을 얻는 것 같았다. 간혹 희귀병 환자가 올 때도 있다. 자가면역 질환인 쇠그렌 증후군(Sjögren syndrome)이나 베체트병(Behçet's disease)과 같은 병을 앓는 이들을 만나면 그들은 그 원인도 모르고 치료법도 확실하지 않은 질병 때문에 무척 힘들어하는 걸 금방 알 수 있다.

"저 같은 환자를 아세요?"라고 물을 때 그들은 벌판에서 찬바람을 홀로 맞는 나무처럼 어깨가 축 늘어져 있다. 브이(V) 자 대형을 이

루며 씩씩하게 저 하늘을 가로지르는 무리에서 외따로 떨어져 나와 힘겨운 비행을 하는 새처럼 안쓰럽다. 그들은 증상이 주는 고통보다 질병의 희소성 때문에 몇 배 더 많이 아픈 것같이 느껴졌다.

한때 에이즈에 걸린 이들이 에이즈를 주변에 널리 퍼트리려고 무분별한 성관계를 맺었다는 기사를 본 적이 있다. 에이즈 환자가 많아져야 치료제가 빨리 개발되리라는 기대 심리에서 벌인 일이라는 설명을 보고 그들의 처지가 얼마나 더 애절하게 느껴졌는지 모른다.

자신의 병이 대수롭지 않다는 진단에 환자는 안심할 수도 있겠지만 그렇다고 해서 그들의 증상을 등한히 해서는 안 될 것이다. 만일 내가 어느 날 병원에 찾아가 아프다고 호소했더니 의사가 남들은 더욱 심하다며 그것도 참지 못한다고 퉁을 준다면 얼마나 섭섭할 것인가.

어린 시절 가느다란 선인장 가시에 찔린 손가락을 어머니에게 보였을 때, 어머니는 그까짓 걸 가지고 왜 엄살을 떠느냐, 네 언니는 농어 가시에 혓바닥이 찔렸을 때도 찍소리하지 않았다, 또 네 오빠는 탱자나무 가시에 찔려 피가 철철 났어도 제시간에 학교에 갔다는 등의 선례를 들며 내 아픔을 인정해주지 않았던 적이 있었다. 그때 얼

마나 서운하던지 손가락이 더욱 끊어질 듯 아팠던 기억이 난다.

병 자체는 위중하지 않다고 해도 환자가 느끼는 아픔만큼은 철저히 인정해야 한다. 인간의 감각은 제각각 다르기 마련이니까.

잎사귀를 죄다 떨군 가로수만 해도 나무의 모양새가 천차만별인데 그걸 모두 겨울나무라 부른다면 너무 둔하고 서툰 시선이겠지. 개중에는 나뭇가지가 쭉쭉 하늘을 향한 것도 있고 땅 쪽으로 뻗어나간 것도 있는데 나뭇잎에 뒤덮였던 날에는 구별할 수 없었던 것이다.

이런 때는 폴란드 여성 시인 비스와바 쉼보르스카의 시구가 떠오른다. 1996년도에 노벨 문학상을 받은 그녀는 「두 번은 없다」에 이렇게 썼다.

반복되는 하루는 단 한 번도 없다.
두 번의 똑같은 밤도 없고
두 번의 한결같은 입맞춤도 없고
두 번의 동일한 눈빛도 없다.

그러고 보니 세상에는 그 무엇도 같은 것이 없고 한순간도 변하지 않는 것이 없는 것 같다. 날마다 떠오르는 해님만 해도 어제의 해와 오늘의 해가 다를 텐데 하물며 이 환자의 병과 저 환자의 병이 같다 할 수는 없을 것이다.

어느 누구도 똑같은 신체를 가질 수 없고, 세상에 똑같은 감각을 가진 이도 없고, 느낌마저 제각각 다른 가운데 어찌 그들의 아픔을 서로 비교하랴. 아픔이라는 지극히 사적이고 절대로 남이 대신 앓아줄 수 없는 외로움 앞에서 말이다. 또 동일한 질병이라고 해도 저마다 시달리는 정도가 다르고 치유되는 과정도 천차만별이다. 더욱이 특이 체질을 가진 사람은 누구나 잘 낫는 특효약에 치명적인 부작용을 나타내기 마련이다.

이제부터는 누군가 "저처럼 아픈 사람이 또 있나요?"라고 묻는다면 아니라고, 그 누구도 당신과 똑같이 아프지 않다고, 그래서 당신은 내게 특별한 사람이라고 말해줄 작정이다.

# 아버지의 침묵

윌리엄 셰익스피어 『헨리 6세 제3부』

무더위가 이어지던 여름 동안 나는 전쟁터를 누비고 다녔다. '의학과 전쟁' 자료를 찾기 위해 전쟁 문학의 대명사인 레마르크의 『서부전선 이상 없다』, 하인리히 뵐의 『아담 너는 어디에 있었느냐』, 헤밍웨이의 『무기여 잘 있거라』 그리고 톨스토이의 『전쟁과 평화』 등을 읽어야 했다. 최고 기록을 경신한 폭염이었지만 더위쯤은 오히려 이겨내기 수월했다. 견디기 어려운 건 전쟁으로 얼룩진 인류 역사를 되돌아보는 일이었다.

『서부전선 이상 없다』의 주인공인 독일 병사는 친구에게 묻는다. 그는 학교에 다니다 제1차 세계 대전이 발발하자 담임 선생님의 권유로 입대한 터였다.

"우리는 우리 조국을 지키겠다고 여기에 왔어. 그런데 프랑스인들도 자기 조국을 지키겠다고 여기에 온 거잖아? 그러면 대체 어느 쪽의 생각이 옳은 거야?"

아무도 이런 질문에 마땅한 대답을 할 수가 없다. 전쟁이라는 게 원래 옳고 그름을 논할 여지가 없으므로……. 전쟁을 일으키는 것 자체가 이미 그릇된 일이 아닐까?

여러 소설을 읽다 보니 나폴레옹의 러시아 원정에서부터 스페인 내란, 제1·2차 세계 대전까지 포화 속 피비린내와 독가스가 난무하는 죽음의 현장을 수없이 경험하게 되었다. 피의 광풍 속에서 울부짖는 보랏빛의 질린 얼굴들을 지치도록 대면하게 되었다. 그렇게 전쟁 속에 푹 파묻혀 있다가 때마침 읽게 된 『헨리 6세 제3부』는 지독히도 충격적이었다. 붉은 장미 랭커스터가와 백장미 요크가의 권력 다툼으로 30년간 이어지는 이 싸움 가운데에서 사무치게 가슴 아픈 장면을 보게 된 것이다.

자기 아버지인 줄 몰라보고 칼로 찔러 죽인 병사가 그 시체 앞에 서있다. 아들은 붉은 장미 파인 왕의 군대로 징집당하고 아버지는 백장미 파인 워리크 백작의 부하였으므로 어쩔 수 없이 맞붙어 싸우게 된 것이다.

한편에서는 아들을 몰라보고 살해한 아버지가 그 시체를 메고 등장한다. 어지간히도 저항하는 상대를 백 번이나 쳐서 때려잡았다고 자부하지만 그가 죽인 건 자신의 외아들이었다.

"아버지의 죽음을 이렇게도 슬퍼한 아들이 또 있었을까?"

"자식의 죽음을 이렇게도 슬퍼한 아버지가 또 있었을까?"

두 사람은 각각 통탄한다. 이들이 "이런 비참한 시대를 동정해주십시오!"라고 기도하는 대목에서 왈칵 가슴이 미어지는 듯했다. 권력을 장악하려는 귀족들의 야욕과는 아무 상관 없는 이들 백성들은 오로지 명령에 의해 저도 모르는 사이에 육친을 살해한 것이다. 문득 골육상잔의 비극인 한국 전쟁이 떠올랐다.

이 작품을 읽고 난 후부터 나는 몹시 침울해졌다. 그리고 아무 말도 하기가 싫어졌다. 이런 엄청난 비극 앞에서 언어란 얼마나 보잘것없는 것인지를 절감했다. 그저 인간이 얼마나 가엾은 존재인가를 생각하는 데 골몰하기 시작했다. 그러면서 돌아가신 아버지를 더욱 이해하게 되었다.

생전의 아버지는 참으로 말씀이 없으셨다. 흔히 경상도 남편들은 "밥 묵자", "자자"라는 단 두 마디만 해서 가정에서 불만을 사기 일쑤라고 하지만 경상도 출신도 아닌 아버지는 그 두 마디조차 아끼는 듯했다. 어머니는 아버지의 말 없음을 몹시 답답해하면서 저런 눌변으로 어찌 강의하는지 모르겠다고 의아해했다. 아버지는 자신뿐 아니라 남들의 수다도 견디지 못했다. 특히 성격 좋은 어머니가 남의 하소연을 들어주느라 전화를 붙잡고 있는 시간을 참지 못했다. 아예 전화선을 뽑아놓는 적도 많았으니까……. 밥상 앞에 온 식구가 모여도 이야기꽃을 피워본 적은 거의 없었다. 부산하게 젓가락 움직이는 소리만 타악기 연주처럼 리듬을 탔다. 텔레비전은 바보상자라고 아예 사들이지를 않았기에 우리 집은 참으로 적막강산이었다. 식구들은 모두 제각각 공부나 하는 게 최선이었다.

그러고 보니 아버지는 달리 취미라고는 없었다. 나처럼 음악을 좋아했던 것도 아니요, 어머니처럼 운동에 소질이 있는 것도 아니요, 언니들처럼 미술에 관심이 많은 것도 아니었다. 온종일 방 안에서 책만 읽다가 잠시 휴식 시간에는 마루의 흔들의자에 앉아 흰 구름 흘러가는 모양만 올려다보았다. 그럴 때 아버지는 무슨 생각을 하

는 건지 어린 내가 짐작이나 할 수 있었겠는가. 간혹 마당에서 화초를 가꾸고 금붕어 먹이를 주곤 하셨지만 입은 꼭 다문 채였다.

그럼에도 불구하고 나는 아버지가 좋은 음색을 가졌다는 것을 기억하고 있다. 그건 이따금 아버지의 방에서 이상한 말로 책을 낭독하는 소리가 흘러나오곤 했기 때문이다. 뜻은 전혀 알 수 없지만 묘한 음률의 영어는 꼭 마법사의 주술처럼 들렸다. 셰익스피어의 희곡을 아버지는 더러 소리 내어 읽기도 하셨던 것이다. 아버지의 그 음성에 홀려 나는 방문 앞에 쭈그리고 앉아 잠든 적도 있었다.

아버지는 말하기만 싫어한 게 아니었다. 밥 먹는 것도 귀찮아하셨다. 워낙 식성이 독특하고 입맛이 까다로운 탓도 있었지만 밥상 앞에서 숟가락 들기를 주저하며 캡슐 하나만으로 한 끼 보충이 되는 그런 영양제가 있었으면 좋겠다고 푸념을 늘어놓기도 했다. 이렇게 아버지는 누구나 좋아하는 먹는 즐거움까지 모두 셰익스피어 연구를 위해 포기했던가 보다. 세상 즐거움을 모두 다 누리면서 남다른 업적을 이루기란 불가능할 것이다. 침묵으로 일관한 채 묵묵히 셰익스피어 번역에 전념한 아버지를 그리워 하며 오늘은 아버지가 유일하게 즐기셨던 커피를 한 잔 끓여야겠다.